新时代旅游业的高质量发展研究

黄华荣 著

云南人民出版社

图书在版编目（CIP）数据

新时代旅游业的高质量发展研究 / 黄华荣著.
昆明：云南人民出版社，2024.11. -- ISBN 978-7-222-23355-3

Ⅰ.F592.3
中国国家版本馆 CIP 数据核字第 20243QK562 号

组稿统筹：冯　琰
责任编辑：武　坤
责任校对：王曦云
封面设计：李　杰
责任印制：窦雪松

新时代旅游业的高质量发展研究
XINSHIDAI LUYOUYE DE GAO ZHILIANG FAZHAN YANJIU

黄华荣　著

出　版	云南人民出版社
发　行	云南人民出版社
社　址	昆明市环城西路 609 号
邮　编	650034
网　址	www.ynpph.com.cn
E-mail	ynrms@sina.com
开　本	787mm×1092mm　1/16
印　张	12
字　数	240 千
版　次	2025 年 5 月第 1 版第 1 次印刷
印　刷	唐山唐文印刷有限公司
书　号	ISBN 978-7-222-23355-3
定　价	78.00 元

云南人民出版社微信公众号

如需购买图书、反馈意见，请与我社联系

总编室：0871-64109126　发行部：0871-64108507　审校部：0871-64164626　印制部：0871-64191534

版权所有　侵权必究　印装差错　负责调换

PREFACE 前 言

在全球化的大背景下，旅游业已经成为促进经济增长、文化交流和地区发展的重要力量。随着人们生活水平的提升和旅游需求的多样化，旅游业的高质量发展显得尤为关键。本书正是在这样的背景下应运而生。

本书通过深入分析国内外的政策法规实践，探讨了旅游政策与法规在不同阶段对旅游市场秩序、旅游产品创新、旅游企业发展等方面的规范和引导作用。同时，本书也关注了旅游政策与法规如何促进旅游资源的保护和旅游服务质量的提升，进而尝试提出旅游政策与法规体系完善的方向和策略建议。

第一章至第八章，系统地介绍了旅游业高质量发展的内涵、特征和经验，还详细探讨了我国旅游业发展的现状与挑战，以及旅游政策与法规的演变和现状。此外，通过具体的章节安排，本书深入分析了旅游政策与法规对旅游基础设施建设、旅游安全保障以及旅游创新发展等方面的深远影响。

在撰写本书的过程中，我们广泛搜集了相关文献，参考了众多专家学者的研究成果，并结合实际案例进行分析，以期为读者提供最全面、最实用的参考资料。我们希望本书能够为政策制定者、学者、旅游从业人员以及对旅游业发展感兴趣的读者提供参考，共同推动旅游业的可持续和高质量发展。

最后，我们对所有参与本书编写和出版的个人和机构表示诚挚的感谢，特别是那些为我们提供数据支持和专业意见的专家和学者。希望本书能够为旅游业的发展贡献一份力量，同时也期待未来在旅游政策与法规领域能有更多的创新和进步。

作者

2024 年 7 月

CONTENTS 目录

第一章 旅游业高质量发展的背景与意义 ············· 1
- 第一节 旅游业高质量发展的内涵与特征 ············· 1
- 第二节 旅游业高质量发展的国际经验 ············· 12
- 第三节 旅游业高质量发展的经济社会意义 ············· 18
- 第四节 当前我国旅游业发展的现状与挑战 ············· 23

第二章 旅游政策与法规的演变及现状 ············· 30
- 第一节 我国旅游政策与法规的发展历程 ············· 30
- 第二节 旅游政策与法规的实施效果评估 ············· 39
- 第三节 旅游政策与法规体系的完善方向 ············· 50

第三章 旅游政策与法规对旅游市场的影响 ············· 57
- 第一节 政策法规对旅游市场秩序的规范作用 ············· 57
- 第二节 政策法规对旅游产品创新的引导 ············· 70
- 第三节 政策法规对旅游企业发展的影响 ············· 76

第四章 旅游政策与法规和旅游资源保护 ············· 80
- 第一节 旅游资源保护的政策与法规框架 ············· 80
- 第二节 旅游资源保护的法律保障机制 ············· 84
- 第三节 政策与法规在生态旅游中的应用 ············· 88

第五章 旅游政策与法规和旅游服务质量提升 ············· 93
- 第一节 服务质量提升的政策法规导向 ············· 93
- 第二节 政策法规对旅游服务标准制定的作用 ············· 100
- 第三节 旅游从业人员的职业规范与政策支持 ············· 107

第六章　旅游政策与法规和旅游基础设施建设 ……………………………… 115

第一节　基础设施建设的政策法规背景 ………………………………… 115
第二节　旅游交通与住宿设施的法规支持 ……………………………… 121
第三节　信息技术基础设施的政策保障 ………………………………… 128

第七章　旅游政策与法规和旅游安全保障 ………………………………… 135

第一节　旅游安全保障的政策法规体系 ………………………………… 135
第二节　旅游风险管理与应急预案 ……………………………………… 149
第三节　政策法规在旅游安全教育中的作用 …………………………… 157

第八章　旅游政策与法规和旅游创新发展 ………………………………… 163

第一节　创新发展的政策法规激励 ……………………………………… 163
第二节　文化旅游与创意旅游的政策支持 ……………………………… 170
第三节　智慧旅游与科技创新的法律保障 ……………………………… 176

参考文献 ……………………………………………………………………… 185

第一章 旅游业高质量发展的背景与意义

在全球化和信息化日益加深的今天,旅游业已成为推动经济增长、文化交流和社会进步的重要力量。随着中产阶级的扩大和消费升级,人们对旅游质量的要求不断提高,这促使旅游业向高质量发展转型。

首先,高质量的旅游发展能够有效提升旅游体验,增强旅游目的地的吸引力,从而带动地方经济的增长和就业机会的创造。

其次,通过提供多样化、个性化的旅游产品和服务,旅游业能够满足不同消费者的需求,促进消费者满意度和忠诚度的提升。此外,高质量的旅游发展还可以促进文化遗产的保护和环境的可持续利用,通过文化交流加强不同国家和地区之间的相互理解和尊重。因此,旅游业的高质量发展不仅是经济发展的需求,也是文化传承与环境保护的需要。

第一节 旅游业高质量发展的内涵与特征

一、旅游与旅游业

长期以来,学术界对"旅游"及其与"旅游业"关系的讨论颇多,形成了关于这两者关系和概念界定的丰富研究。尽管大多数学者认为"旅游业"是基于"旅游"这一核心概念的扩展,关于"旅游"的定义本身仍然存在较大争议。《普通旅游学纲要》这一在国外具有广泛影响的著作中定义"旅游"为非永久居住或短期居住引起的现象及其相关关系的总和,强调旅游者通常不会在目的地长期居住或从事赚钱活动[①]。这一定义明确了旅游的临时性和非商业性质,但对旅游的动机和目的描述仍显模糊。

这种模糊性源于旅游动机的多样性和个体差异。人们出游的原因可以是休闲放松,也可以是探亲访友、文化学习或商务洽谈等。尽管旅游活动本质上不包括移民或其他长期居住的目的,但人们选择旅行的内在动因却极其复杂,涉及个人的兴趣、生

---

① 刘红专. 旅游学概论 [M]. 成都:西南财经大学出版社,2012:2-3.

活阶段、经济条件及社会环境等因素。此外，虽然旅游定义中通常排除了赚钱活动，但现代旅游经济学研究指出，旅游活动本身对目的地经济的影响深远，旅游消费和旅游相关产业的发展已成为推动地区经济增长的重要部分。

因此，为了更全面地理解旅游的本质和功能，必须考虑到旅游定义的多维度性和动态变化性。旅游不仅仅是一个地理上的从此地到彼地的移动，更是一种文化交流、经济互动和社会参与的过程。对旅游业的深入研究应包括对旅游动机、经济影响及其在全球化背景下的社会文化意义的探讨，从而为旅游业的政策制定和实践提供科学、多元的理论支撑。

同时，世界旅游组织和联合国统计署（WTO&UNSTAT）对旅游的定义则更加明确，将其视为出于休闲、商务等目的离开常住地，且逗留时间不超过一年的活动。[①] 这一定义从旅游的核心要素和目的上提供了清晰的界定，即旅游活动需要涉及离开常住地，并明确了休闲、商务等为其主要目的。然而，这种定义虽然全面地界定了旅游现象的时空转移特征，却忽略了旅游活动中极为重要的经济特征。正是这种"经济性"现象构成了旅游业发展的基础。

旅游经济包括广泛的行业和活动，从交通运输、住宿服务到餐饮和娱乐等，旅游的每一个环节都直接贡献于目的地的经济增长。此外，旅游还带动了相关行业的发展，例如文化产业、体育活动和会展业，这些都深受旅游活动的推动和影响。从宏观经济的角度看，旅游业的发展可以促进就业，提升税收，并通过消费和投资驱动地区乃至国家的经济增长。

这种经济性现象的忽视可能会导致对旅游业影响力的低估。实际上，旅游不仅仅是个人或集体的休闲活动，更是一个涉及复杂经济交易和广泛社会经济联系的系统。因此，理解旅游业的经济特征对于制定有效的旅游政策和促进可持续旅游发展至关重要。政策制定者和行业领袖需要认识到，通过投资旅游基础设施和提高服务质量，可以进一步激发旅游业的经济潜力，同时确保旅游活动的环境和文化可持续性。

综上所述，一个全面的旅游定义应当不仅包括旅游的基本动作和目的，还应深入考虑其经济影响。这样的定义更能准确反映旅游业对全球经济的实际贡献和潜在影响，为旅游业的全面和均衡发展提供理论和政策支持。

关于旅游业的概念讨论存在着较大的分歧，部分经济学家甚至不认同旅游业是一个标准的产业。从现有的研究成果来看，不同学者对于旅游业概念的界定表述上略有不同。1971年联合国贸易和发展会议上提出了"旅游部门或旅游业从广义上来说可以

---

① 康蓉，吴越. 中国旅游消费统计与国际标准的差距及解决对策 [J]. 统计研究，2009，26（12）：4.

表达为生产全部或主要由外国游客或国内旅游者消费的产品或服务的工业和商业活动总和的体现"。根据联合国《国际产业划分标准》，旅游产业是由那些与旅游者直接发生联系，并为之服务，且来源于旅游者的收入的相关行业组成。而美国著名学者唐纳德·兰德伯格提出"旅游业"是为国内外旅游者服务的一系列相互关联的行业。雷帕也认为"旅游业是旨在满足旅游者特点需求与愿望的所有企业、组织机构和设施组成的行业"。

尽管旅游业的概念没有形成统一的定义，但是大多数定义具有如下几个共识：

首先，多数学者都认同了旅游业是从供给维度为消费者提供商品和服务，而非人们对商品和服务的需求。

其次，关于旅游业的范畴强调了旅游者需求，而非旅游需求，体现了一定的旅游的经济属性；再者，旅游业是若干企业形成的产业集群，目的是为旅游者消费提供商品和服务。

在这个基础上，本文研究认为经济层面的"旅游现象"出现后，旅游业也应运而生，其产生的根本目的是保证旅游活动顺利展开，满足旅游者消费需求而提供各种形式的旅游产品。2009年后，我国将旅游产业定义为"战略性产业"，旅游业的产业地位得到了政府认可。因此，本文认同旅游业是在旅游活动过程中为消费者提供所需的食、住、行、游、购、娱等各方面商品和服务的企业和部门的总和。旅游业的发展依托于旅游企业等资源要素，能够满足消费者需求，提供专业化、规范化产品和服务的行业总称。此外，随着全球化和技术的进步，旅游业的界定也在不断扩展，包括了数字旅游服务、可持续旅游实践以及文化和生态旅游项目等新兴领域，这些都是响应现代消费者需求多样化和环境保护意识提升的结果。

二、旅游业高质量相关概念

（一）高质量概念

"质量"是物理学中的基本概念，其在经济学领域的引入主要用于反映产品或服务满足消费者实际需要的使用价值程度。学术界对"经济发展质量"的讨论最早可以追溯到"可持续发展"的概念提出。1987年，在联合国世界环境与发展大会上，"可持续发展"理念首次被应用到社会经济领域，提出了人类社会与自然生态环境的共同发展。此后，"质量"概念在经济学中的重要性愈发受到重视。1996年，《超越增长》一书中，作者赫尔曼·E.戴利强调了超越传统增长模式，推崇质量型增长的重要性。书中明确指出可持续发展不仅是量的增加，更是质的提升。这种发展模式要求经济增长同时考虑环境保护和社会福祉，强调经济活动的长远影响而非仅仅是短期利益。随着社会对经济发展质量认识的深化，世界银行在其发布的《增长的质量》一书中进一步展开了这一讨论。该书提出增长质量应涵盖与社会发展密切相关的社会、政治及宗教等多方面因素。增长质量评价体系中包括居民的受教育水平、健康状况、收入公平等多个维度，这标志着对经济增长的评价从单一的GDP指标向多元化、综合性的评价体系转变。此后，随着中国新时代背景下对高质量发展的强调，关于经济增长的讨论也由传统的"增长与规模"转向"质量与效率"的深入探索。政策制定者和学者开始更多地考虑如何通过提高技术创新、优化经济结构、增强环境可持续性以及提升社会福利等方式，推动经济向更高质量的方向发展。这种转变不仅符合全球经济持续发展的需求，也响应了国内外对更公平、更绿色、更包容经济体系的呼声。经济学中"质量"的讨论，无疑是对传统经济增长模式的一种深刻反思和必要补充。它促使我们重新考量什么是真正的发展，以及如何通过提升发展质量来实现社会的全面进步。这种对质量的重视在当前和未来的经济政策制定中将扮演愈发关键的角色。

虽然学者对于经济发展质量的内涵定义尚未统一，有学者从社会主要矛盾变化角度出发，有些学者则是从五大新发展理念维度切入，也有学者则是从经济发展的各层次维度入手。虽然这些表述各不相同，但它们却在几个关键点上达成了共识：

首先，经济高质量发展被视为中国新时代面临的特有发展模式。这种模式特别为解决新时代背景下中国社会经济发展中出现的问题和挑战而设计。它强调的是如何在持续推进传统增长的同时，更好地解决质量和效益的问题，确保经济增长的持续性和稳定性。

其次，经济高质量发展不仅仅关注经济增长的规模和速度，它还强调对社会文化发展的积极贡献。这意味着在量化测度上，经济高质量发展具有更大的综合性和复杂性。例如，除了传统的GDP和增长率之外，还需要考量就业质量、居民生活质量、环境可持续性等多个方面。

第三，经济高质量发展是一个多维度的概念，它要求在经济增长速度、结构优化、效率提升、动力转化等方面都有新的要求和评价标准。这涉及从宏观到微观、从产业到企业各个层面的系统性改革，包括推动产业升级、鼓励创新驱动发展、优化资源配置和环境保护。

最后，高质量发展是解决新时代背景下中国社会主要矛盾的必然要求，这不仅涉及经济发展领域，而且对于文化、环境、社会发展等各领域同样适用。例如，提高公民的文化素质和创新能力，改善生态环境，促进社会公正和提高治理水平等，都是高质量发展战略的重要组成部分。

总体来看，经济高质量发展代表了一个全方位、多层次的发展策略，旨在通过全面深化改革，推动中国社会经济向更加均衡、更可持续的方向发展。这种发展模式不仅追求经济效益的最大化，同时也强调社会和环境责任的履行，以实现真正的全面发展。

基于先前的研究和分析，本文更倾向于认为高质量发展是一种新的发展理念与方法。我们认为，高质量发展的核心在于实现高效率、公平性、可持续性以及均衡协调性。这主要表现在经济发展中的四个关键方面：经济运行的稳定性、经济结构的优化、经济发展效率的提高以及社会发展的公平性。此外，在追求经济的高质量发展过程中，还需要特别关注区域经济发展的协调性和均衡性，确保发展成果惠及更广泛的地区和群体。

（二）旅游业高质量发展概念

随着国民经济的持续增长，旅游业已经逐步成为国民经济中的关键支柱产业。中国旅游业已经经历了从零起步到成熟发展的嬗变过程。在旅游业逐渐进入大众休闲化的时代背景下，中国旅游业同样面临着众多新的机遇与挑战。目前，我国旅游业的发展还存在一些问题，如粗放式的增长模式、有效供给不足以及产业升级的缓慢进程等。因此，在新时代的背景下，推动旅游业的高质量发展成为旅游行业发展的必然趋势。

随着我国旅游业步入高质量发展阶段，旅游发展的重点逐渐从规模扩张转向质量和效益的提升，从依赖资源和要素驱动的增长模式转变为依靠管理创新和技术进步来提高质量和效率。在新时代的背景下，旅游业的高质量发展应该拥有更广泛的内涵和更高的要求，其评价标准也应建立在全新的量化评价体系之上。借鉴经济高质量发展的理论，本文认为旅游业高质量发展应被视为新时代旅游业的发展新模式，这不仅涉及旅游经济的发展模式和效率，还包括产业结构等多方面的综合考量。旅游业高质量发展不应仅仅关注由旅游经济活动带来的规模扩张，更应重视在高质量发展背景下对旅游业质量和效率的评估。这意味着我们不仅要关注旅游发展带来的直接成果，还需要考量其对经济、产业结构、社会公平等方面的实际影响；不仅要评估旅游业的质量水平，还要关注旅游业发展的区域均衡性。这样的高质量发展模式将有助于推动旅游业向更加可持续和责任感强的方向发展。

基于前述分析，本文提出了旅游业高质量发展的分析框架。在经济高质量发展的核心——高效、公平、可持续和均衡发展的基础上，当应用到旅游产业时，旅游业高质量发展主要指旅游产业的综合成果，即在一定时期内旅游业发展的过程和结果，涉及旅游经济的运行状态、产业结构、生产效率和社会发展公平等多个方面。

以下几个方面可以深化我们的理解。

第一，从旅游产业的供给角度看，地区的经济基础、资源配置和公共设施是旅游有效供给的基础和保障。只有在旅游产业规模扩大且稳定增长、产业结构得到优化升级、生产效率有效提升的前提下，旅游的有效供给才能实现新的突破和提升。

第二，旅游消费需求受经济收入、消费意愿和其他客观条件的影响。高质量旅游发展不仅推动了有效供给的提升，同时也促进了当地居民的就业和受教育水平提高，从而在一定程度上提升了消费者的消费欲望和需求。

第三，当有效供给和个性化消费需求之间的矛盾得到解决时，区域旅游发展将逐步实现提质增效的目标，这也是实现旅游业高质量发展的必然选择。

第四，旅游业高质量发展不仅要求各省市在发展水平上实现高质量提升，还需要在区域之间实现均衡和协调。因此，在高效、公平、可持续的分析结构基础上，增加区域旅游业发展的协调和均衡也是至关重要的。

通过这种分析框架，我们可以更全面地评估和提升旅游业的整体质量，从而确保其在新时代背景下的持续健康发展。

三、旅游业高质量发展内涵剖析

（一）旅游业高质量发展与旅游增长异同比较

自改革开放以来，中国的旅游经济从零起步，经历了高速的发展期。然而，随着国内社会经济环境的变化和市场结构的转型升级，过去的高速增长模式已成为历史。当前阶段，如何适应国内外社会经济的变化，转变旅游发展策略，多渠道挖掘增长潜力，推动旅游经济实现高质量发展，从而提升人民群众的生活福祉，成为重要课题。因此，旅游业的高质量发展与传统的旅游增长模式具有截然不同的特征和深远的意义。

首先，发展目标存在显著差异。旅游增长主要关注于扩大旅游规模和提升增长速度，其核心目标在于推动旅游经济的量化增长。在旅游增长的阶段，重点是扩大旅游接待的规模和人数，以此带动社会经济的经济效益。这种增长策略往往以规模扩张为主，致力于增加旅游收入和刺激相关行业的发展，但往往忽视了可持续性的重要性。然而，这种粗放式的增长策略常常导致资源浪费、生态环境恶化和产业发展滞后等问题。例如，过度开发旅游景区可能会破坏自然资源，影响生态平衡，而未能有效地提升旅游服务质量和游客体验。相比之下，旅游业的高质量发展则更侧重于旅游经济发展过程中的整体运行效率和协调性。这一策略不仅关注经济效益，还强调环境保护和社会责任。高质量发展通过创新旅游资源配置、优化产业结构、提升产品质量和改进生产效率等多种措施，以实现旅游经济的质量提升和效率增强。例如，通过引入新技术和管理方法，提高资源使用效率，实施可持续旅游实践，保护旅游地的自然和文化遗产。此外，高质量发展还注重提升游客满意度，通过提供高品质的服务和丰富的旅游产品来吸引更多的重复访问和推荐。因此，与传统的旅游增长模式相比，高质量发展模式在追求经济利益的同时，更加注重生态保护、社会公平和文化传承，力求在推动经济增长的同时，实现社会和环境的和谐共生。这种转变不仅是对旅游业发展方向的调整，也是对整个社会发展模式的一种优化。

第二，发展内涵有所不同。传统的旅游经济增长主要通过国际和国内旅游收入、旅游人次、增长率等量化指标来衡量，涉及国内旅游人数、入境和出境旅游人数等。然而，旅游业的高质量发展包含了更广泛的内容。一方面，高质量发展并不意味着放弃对总量的关注，而是在确保总量稳定增长的基础上，更全面地考量旅游生产效率、产业结构和可持续发展等多个维度，旨在实现量和质的协调统一。这包括推动创新和技术整合进旅游服务，以提升服务质量和操作效率，同时优化旅游产品，使之更具吸引力和竞争力。另一方面，高质量发展不仅关注经济效益，还长期致力于提高旅游产业的经济稳定性和包容性，重视旅游业各环节、生态资源及社会公平等方面的综合效益。这意味着旅游业的发展不仅要实现经济目标，也要考虑社会责任和环境影响，确保旅游活动不会对当地文化和环境造成破坏，而是促进其保护和可持续利用。

在这种发展模式下，经济效益的追求不仅限于提高经济增长的速度和质量，更注重旅游经济发展的平稳性和持续性。通过提供持续的培训和教育提升从业人员的技能和服务水平，以及通过引入环保技术和实践减少旅游活动的环境足迹，旅游业能够在不牺牲未来利益的情况下，持续发展。社会效益方面，涵盖了提高人口素质、社会保障、就业机会等，这些都是旅游产业发展所带动的多方面影响。旅游业通过提供多样化的就业机会，从导游到酒店管理，带动了地方就业和经济活动，同时也通过各种社区参与项目帮助提升当地居民的生活水平。

生态效益则突出了旅游产业在促进社会和生态方面的综合影响，强调在旅游业发展中保护和谐生态环境的重要性。通过实施可持续旅游策略，比如发展生态旅游、鼓励游客参与保护活动、减少塑料使用等，旅游业不仅能够帮助保护环境，还能提高游客对环境保护重要性的认识和参与度。这样的策略最终将有助于形成一个循环、自我提高的发展模式，为未来的旅游业可持续发展奠定坚实的基础。

第三，发展要求不同。在旅游规模增长阶段，各地追求的主要是旅游经济总量和增长速度，常采用依靠资源和要素等投资的粗放型发展模式来提升旅游的"总盘子"。这种模式强调资本和资源的大量输入，目的是快速扩大旅游接待能力和基础设施，以迎合日益增长的旅游需求。然而，旅游业高质量发展面临的基本矛盾是如何利用新的发展理念和手段有效解决旅游有效供给与现实需求之间的结构性失衡。这要求从旅游发展的本质矛盾出发，通过创新要素驱动方式，依靠人才、信息、技术、知识等高级要素实现旅游经济的集约式发展。这种发展模式更注重效率和质量,而不仅仅是数量的增加。随着改革开放的深化和新旧动能的转化,旅游业的高质量发展需要采用更多创新性的方法。例如,利用信息技术、新基建、大数据等多元手段来提升旅游企业的经营效率,这已成为高质量发展的基本要求。这不仅包括采用最新的技术来优化旅游服务和产品,如通过人工智能来个性化旅游推荐,利用大数据分析来优化旅游路线和管理旅游流量,还包括在营销和客户服务中利用社交媒体和移动应用平台来增强用户体验。此外,高质量发展还要求旅游业在保护环境和促进社会可持续发展方面承担更大的责任。这意味着旅游项目需要在设计和实施过程中考虑到环境保护,确保旅游活动不对自然和文化景观造成破坏。同时,旅游业还应促进包容性增长,通过支持当地社区发展和提供就业机会来帮助改善当地居民的生活水平。

第四,价值判断不同。在旅游规模增长阶段,价值判断主要依据速度,即快与慢。这一阶段的发展依赖于大量旅游资源和资源禀赋的投入,以推动旅游经济的增长和规模扩张。这种发展模式的典型特征是高速度、高投入,但往往伴随着低质量和低效益,注重短期收益而忽视长远利益。然而,在新的旅游业高质量发展需求下,单纯追求旅游收入提升的价值判断已难以适应新的发展要求。高质量发展的价值判断更侧重于评估其对经济社会发展的综合贡献,不仅仅是规模的扩大,而是追求生态文明建设、区域协调发展和可持续发展的更高层次目标。在旅游高质量发展阶段,重要的是从全局的视角审视旅游业的综合效益。这意味着,旅游业的发展不仅要考虑总量和规模的增长,更要追求经济、社会、环境等多方面的协调共生。具体来说,需要考虑旅游发展与社会经济的协调,确保旅游增长不会牺牲社会福祉;旅游发展与生态环境的共生,确保旅游活动不破坏自然资源和生态平衡;以及旅游发展与区域合作的均衡,通过区域间合作促进资源共享和共同繁荣。因此,高质量发展要求我们用全局的眼光来统筹各方面的发展,通过综合考量和平衡各种因素,推动旅游业向更加健康、可持续的方向发展。这种发展模式更注重深度和质量,强调创新和可持续性,而不仅仅是数量的增加。通过这样的发展策略,旅游业可以成为推动社会全面进步的重要力量。

第五,发展层次不同。在旅游业发展中,不同地区之间存在显著的发展层次差异。特别是在旅游增长的初期阶段,由于基础设施建设的滞后和产业聚集度不足,很多地区的旅游合作通常局限于浅层次,且合作的实质效果不明显。这种现象在一些基础较弱的内陆或边远省份更为常见,合作多停留在表面,缺乏深度和广度。

随着中国政府推进"新基建"和"交通强国"战略,我们见证了基础设施的快速改善,这为旅游业带来了新的发展机遇。例如,高速铁路和高速公路的网络扩张极大地缩短了区域间的旅行时间,使得远距离的旅游变得更加便捷和经济。同时,数字化信息基础设施的完善也为旅游服务的创新提供了技术支持，如智能导航、在线预订和虚拟旅游体验等。

面对这些积极变化，旅游业的发展不仅需要在单个省市层面上寻求提质增效，更应着眼于区域一体化，推动跨省市的深度合作。这种合作可以是共同开发跨区域旅游产品，整合市场资源，共享旅游收益。例如，可以通过打造区域性旅游品牌、联合举办旅游节庆活动、建立区域旅游合作平台等方式，增强旅游合作的实效性和持续性。

此外，为了实现旅游业的高质量发展，还需关注区域发展的均衡性。这不仅包括物质基础设施的均衡建设，还应涵盖服务质量、市场发展和环境保护等方面。通过制定合理的政策引导和激励措施，促进资源的合理配置和优势互补，确保旅游发展的每一个节点都能得到充分的提升，从而推动整个区域旅游业的均衡协调发展。

总的来说，通过利用新基建和交通强国战略提供的机遇，结合现代信息技术，不断深化区域合作，旅游业可以在新的发展阶段实现质的飞跃，为旅游者提供更加丰富、便捷和高质量的旅游体验。同时，这也促进了地方经济的全面发展和区域经济的整体提升。

（二）旅游业高质量发展系统分析

为了更全面地理解和推动旅游业的高质量发展，利用系统论的相关理论来分析其内在要素及其相互关系显得尤为重要。系统论，最初由理论生物学家贝塔朗菲（Ludwig von Bertalanffy）在1932年提出，提供了一种独特的视角来考察复杂系统的结构和功能。[①] 在系统论的框架下，一个系统由多个相互作用的要素组成，这些要素共同构成了一个有机的整体，其特性和功能超出了单个组成部分的简单相加。

在旅游业这一复杂系统中，高质量发展可以被视为一个多维度、系统性的概念，它不仅涉及数量和质量的融合，还包括速度与效益的有机结合。高质量的旅游发展需求是在确保旅游活动质量和参与者满意度的同时，也要保持行业的可持续增长速度和经济效益。旅游业高质量发展的关键要素包括市场主体、发展目标和价值诉求。

首先，旅游业高质量发展按照高效、公平和可持续的原则，旨在四个主要层面实现提升：提高旅游经济的质量和效率，改善市场结构，确保运营的稳定性，以及促进社会公平。

其次，旅游业高质量发展的价值诉求集中于解决新时代经济社会发展的核心矛盾，通过激发旅游企业的创新活力和市场发展，提高旅游产业的质量和效率，进而满足公众对旅游的期望，并提升他们的生活幸福感和满意度。最终，旅游业的高质量发

---

① 陈蓉霞. 贝塔朗菲：人文系统理论的先驱者[J]. 自然辩证法通讯，1995（1）.

展需要市场各主体之间的紧密合作和协同努力。在分析旅游业高质量发展的要素关系时，可以看出其发展目标是市场主体的基本追求，而价值诉求则构成了旅游业高质量发展的核心精神。这种关系强调了在追求经济效益的同时，也要重视社会责任和环境保护，确保旅游业的全面和谐发展。

首先，旅游企业的创新发展是推动整个旅游行业高质量发展的核心要素。旅游企业应将提高质量和效率视为发展的起点，并通过采用创新的发展模式和加强品牌建设，从而增强其在激烈市场环境中的竞争力。在这一过程中，旅游企业需要在人才、资本和信息等关键资源的配置方式方面进行创新，这不仅可以提升旅游服务的效率，也是实现行业高质量发展的基础。特别是在当今社会对绿色可持续发展要求日益提高的背景下，那些依赖传统粗放型增长模式的企业需要进行根本性的转变。企业应通过采纳创新技术和方法来提高资源利用的质量和效率，这样不仅符合环保的需求，也能持续地激发旅游业的发展活力。另一方面，作为旅游业高质量发展的微观实体，旅游企业的作用至关重要。这些企业不仅是推动旅游产品和服务创新的主体，也是提升客户体验和满意度的关键。因此，企业不仅需要在产品和服务上进行创新，更需在管理和运营模式上进行优化，以提升效率和响应市场变化的能力。例如，通过数据分析和市场研究，企业可以更准确地把握消费者需求和行业趋势，据此调整服务内容和营销策略。此外，旅游企业在推动行业高质量发展中，还应加强与其他行业的协同合作。通过与地方政府、环保组织和文化教育机构等多方合作，旅游企业不仅能够在资源共享和品牌推广上获得支持，还可以在创建可持续旅游目的地方面起到模范作用。这种跨行业合作不仅有助于提升旅游业的整体形象，也能够有效地提高服务质量和运营效率。总之，旅游企业通过持续的创新和改进，不断提升经营效率和市场动力，为旅游行业的高质量发展提供了坚实的基础。这种努力不仅符合行业发展的趋势，也响应了广大消费者对高质量旅游体验的需求。

第二，旅游市场结构质量是旅游业高质量发展的核心指标之一。从旅游产业的内部结构来看，这通常涉及不同旅游相关企业在规模和功能上的关联。产业结构的高级化与合理化是衡量旅游产业发展水平的重要指标。合理化指的是产业链内部各环节企业的结构顺序良好、比例适当，促进了各环节之间的协调发展。高级化则指在技术推动下，旅游产业各要素的综合利用效率得到提升。

另一方面，从市场结构角度分析，入境旅游、出境旅游和国内旅游构成了国内旅游产业的三大市场支柱。这三大市场主体在旅游产业不同阶段扮演着各自独特的角色。尽管国内旅游市场快速增长，出境旅游市场也日益兴盛，入境旅游市场的发展却相对缓慢。入境旅游面临的产品和市场结构问题尤为显著，这要求进一步提升入境旅游市场的效益和质量，优化其与国内旅游市场的结构对接。这样的结构优化不仅是提升旅游市场质量的必要条件，也是旅游业高质量发展的客观要求。

第三，经济运行的稳定性是实现旅游业高质量发展的关键需求。旅游经济的平稳运行不仅是保障旅游业健康发展的基石，还是抵御国际社会环境变化带来的冲击的重要条件。旅游产业由于其与全球市场的紧密联系，特别容易受到国内外经济波动的影响，这使得旅游业的发展变得更加脆弱。为了应对这种情况，需要采取有效的策略和措施来保证经济运行的稳定。在国内市场，尽管旅游消费环境相对稳定且需求旺盛，但仍需面对消费不足时期如何有效供应旅游产品，以激发消费者的购买欲望。这不仅可以提高旅游企业的发展预期，还可以通过优化产品和服务质量，提升整个行业的竞争力。此外，过快的旅游增长和过度的旅游接待会给目的地带来极大的压力，包括环境污染和资源过度消耗等问题，这些问题最终将影响旅游服务的质量和游客的满意度。在国际层面，旅游消费环境的复杂性和多变性更加显著。为了保持入境和出境旅游的稳定发展，需要在国际市场上采取灵活的策略，如加强国际合作、利用数字化工具提升市场适应性等。此外，将旅游经济增长的波动控制在一个适度的范围内，是实现高质量发展的现实和有效途径。这不仅有助于保护旅游目的地的环境和社会文化，也有助于维持旅游行业的长期稳定和健康发展。总之，确保旅游经济的平稳运行需要多方面的努力和协调，包括政策支持、市场监管、企业创新及国际合作等。通过这些综合措施，旅游业能够在动荡的国际环境中稳健成长，达到高质量发展的目标。

第四，区域协调发展是实现旅游业高质量发展的核心内容。协调发展不仅是旅游业发展的重要目标，也是评价旅游业高质量发展成效的关键标准和尺度。这种发展模式强调在旅游系统内部各要素之间以及多元系统间实现平衡和充分性，处理好旅游发展过程中城乡、区域间的发展不平衡问题，同时也着重解决旅游经济发展效益与社会效益、生态效益之间的协调和平衡问题。在这个过程中，旅游业的高质量发展应通过推动旅游产业及其相关产业的发展，加快产业升级和优化产业结构。这种产业的快速提升可以在区域内形成经济的正向反馈循环，促进地区间的经济平衡，缩少发展差距。例如，通过增强边远地区的旅游吸引力和改善当地旅游基础设施，可以吸引更多的旅游流量，从而提升这些区域的经济发展水平和居民生活质量。此外，旅游业的协调发展还需要关注环境保护和社会责任，确保旅游活动不会对生态环境造成负面影响。通过实施可持续旅游策略，如推广环保旅游产品、采用绿色能源和材料、提高资源利用效率等，旅游业可以在不牺牲环境质量的前提下实现经济效益的最大化。最终，通过旅游业的区域协调发展，可以实现更广泛的人类旅游福祉提升，从而增强人民的幸福感和满意度。这不仅有助于提升旅游目的地的吸引力，还能够提升居民对旅游发展成果的共享感，进一步推动社会和谐与经济繁荣。通过这种方式，旅游业高质量发展可以成为推动区域全面进步的重要力量。

第二节　旅游业高质量发展的国际经验

考虑到全球旅游业的多样性和复杂性，引入国际经验分析至关重要。通过研究不同国家在推动旅游业高质量发展中的成功经验和面临的挑战，我们可以获得宝贵的洞见和策略，这些策略不仅可以指导特定国家或地区的实践，还能为全球旅游业的持续发展提供参考。通过对国际经验的深入了解，可以更好地理解如何在不同的政治、经济和文化背景下实现旅游业的高质量和可持续发展。

一、欧洲的旅游业发展模式

欧洲的旅游业是全球最成熟和多样化的市场之一，各国根据其独特的地理和文化资源发展了各种旅游模式。在推动高质量发展的过程中，瑞士、法国和冰岛各自采取了不同的策略，既反映了它们的国家特色，也体现了对可持续和责任旅游的共同承诺。

（一）瑞士：高效的交通系统和环保旅游策略

瑞士在全球旅游业中以其高效的交通网络和前瞻性的环保旅游策略而著称。该国拥有世界上最密集的铁路网络之一，涵盖了全国各个角落，从繁忙的都市中心到偏远的山区村落，都有铁路连接。瑞士的公共交通系统不仅以其广泛的覆盖面和严格的时间准确性闻名，也因其整体的便利性和效率被国际上广泛认可。这一系统的优越性不仅体现在国内旅行的便利上，也极大地方便了国际旅客在瑞士的移动。

这种高效的公共交通网络是瑞士减少碳足迹的核心战略之一。通过鼓励使用公共交通工具，瑞士有效地减少了私人车辆的使用，进而减少了汽车尾气排放，对抗气候变化作出了积极贡献。此外，瑞士的交通系统不断采用最新的环保技术和可再生能源，例如，电动列车和生物燃料公交车已在全国范围内广泛部署，进一步强化了其环保旅游的实践。

与此同时，瑞士政府和私营部门也积极推广对环境影响较小的旅游活动。在瑞士，徒步、山地自行车和滑雪等活动不仅是当地居民生活的一部分，也成为吸引国际游客的重要活动。这些活动鼓励游客亲近自然，享受瑞士壮丽的山脉和宁静的自然景观，同时减少对环境的负担。瑞士还设立了多个国家公园和自然保护区，这些地区严格限制机动车的进入，以保护生态环境和生物多样性。

通过这些综合措施，瑞士不仅在全球旅游业中树立了一个高效运行和环保并重的典范，也展示了如何通过具体实践将可持续发展的理念融入旅游业的每一个方面。这种对高效公共交通系统和环保旅游活动的重视，使瑞士成为一个全球旅游目的地中的绿色典范。

（二）法国：文化遗产的保护与利用

法国作为全球最热门的旅游目的地之一，其旅游策略的核心在于文化遗产的保护与利用。这个国家以其丰富的历史和文化自豪，拥有数不胜数的世界级艺术作品和建筑。法国政府不仅投入巨资修复和维护这些珍贵的历史遗迹，如全球闻名的卢浮宫和凡尔赛宫，还致力于保护遍布全国的城堡和博物馆。这些地标性建筑不仅是国家的文化象征，也是吸引国际游客的重要资源。

通过精心的保护和智能的利用，法国成功地将文化遗产转化为促进地方经济发展的重要资产。例如，卢浮宫不仅是保存和展示艺术品的场所，也通过各种展览和文化活动，成了巴黎旅游的核心。类似地，凡尔赛宫不仅以其宏伟的建筑和历史意义吸引着游客，其精美的花园和举办的各种接待活动也极大增强了其吸引力。

此外，法国还大力推广其美食和酒文化，这些也是其文化遗产的重要组成部分。法国各地的葡萄酒产区，如波尔多、勃艮第和香槟，不仅生产世界级的葡萄酒，还提供酒庄参观和品酒体验，这些活动让游客有机会深入了解法国的酒文化和制酒传统。美食方面，从巴黎的高档餐厅到普罗旺斯的乡村市场，法国的美食旅游让游客能够体验到从农田到餐桌的每一个步骤。

法国的这种文化遗产保护与利用的策略，不仅保护了其历史资源，也极大地丰富了国家的旅游资源和国际形象。这种结合保护和利用的模式，确保了文化遗产能够得到持续的维护和关注，同时为当地社区和经济带来了持续的益处，使文化遗产成为活生生的社会资本，而不仅仅是被封存的历史。通过这些努力，法国展示了如何通过对文化遗产的深思熟虑地管理，不仅保存了过去，也为未来铺开了光明的道路。

（三）冰岛：可持续旅游和环境保护

冰岛作为可持续旅游和环境保护的典范，以其严格的环保政策和对自然资源的精心管理而著称。冰岛利用其独特的自然资源——火山地貌、壮观的瀑布、热气腾腾的温泉以及迷人的极光，开展了一系列可持续的旅游活动，旨在既为游客提供难忘的体验，同时保护这些珍贵的自然景观不受破坏。

为了实现这一目标，冰岛政府采取了一系列严格的环境保护措施。

首先，政府对游客数量实施了限制，尤其是在生态最脆弱的地区，如著名的冰川湖和一些受欢迎的徒步路线。这种限制不仅帮助减少了对自然环境的压力，也确保了旅游活动的质量和可持续性。例如，通过预约制度和引导游客到较少人迹的区域，有效分散了旅游压力，减轻了对热门景点的环境影响。

此外，冰岛在能源使用上也体现了其对环保的承诺。冰岛是世界上使用可再生能源比例最高的国家之一，其中地热能的利用尤为显著。这一点不仅在国民生活中体现出来，也深入到了旅游业中。许多酒店和旅游设施使用地热能供暖和发电，减少了对化石燃料的依赖，并显著降低了旅游活动的碳足迹。这种能源策略不仅保护了环境，还提升了冰岛作为一个绿色旅游目的地的形象。

冰岛还积极推广环保旅游的理念，鼓励游客参与保护自然的行动，如参加清洁活动、自然保护项目和环保教育活动。这些努力使游客不仅仅是景点的观光者，更成为环境保护的参与者和倡导者。

通过这些综合措施，冰岛不仅成功地保护了其独特的自然环境，也在全球范围内树立了可持续旅游和环境保护的典范。这种对环境的尊重和保护，使冰岛成为全球环保旅游的标杆，展示了如何通过负责任的旅游政策和实践，实现旅游业与自然环境的和谐共生。

二、亚洲的旅游业发展策略

亚洲的旅游业发展策略呈现出多样化的特点，尤其是在文化的保护和科技的应用方面。日本和泰国作为两个示例，展示了如何将传统文化与现代技术融合，以及如何通过社区旅游推动地方经济发展，这些策略不仅提升了各自国家的旅游品质，也增强了旅游业的可持续性。

（一）日本：文化旅游和技术融合

日本作为将传统文化与现代科技结合来推动旅游业高质量发展的典范，在全球范围内享有盛誉。日本的文化旅游具有独特魅力，全球游客慕名而来，深入体验其丰富的文化传统，如茶道、花道以及穿戴和服等活动。这些传统不仅展示了日本深厚的文化底蕴，也提供了一种深度的文化交流方式，使游客能够亲身体验并深入理解日本的文化精髓。

同时，日本在科技应用上也表现出极高的创新能力，特别是在提升旅游体验方面的技术应用，使其在全球旅游业中处于领先地位。在东京等城市，许多历史景点采用了增强现实（AR）技术，这种先进的技术让游客通过智能手机或专用设备就能看到历史场景的虚拟重现。这不仅使游客能够在现代城市的背景下体验历史的丰富性，还增加了互动性和教育性，极大地丰富了游客的体验。

此外，日本还在旅游服务中引入了人工智能导游和机器人服务，这些高科技设施被用来提供语言翻译服务及其他旅游相关信息，极大地方便了国际游客。例如，在一些热门的旅游景点，机器人导游能够用多种语言向游客介绍景点的历史和文化，同时还能回答游客的问题，提供个性化的旅游建议，从而极大地提升了游客的参与感和满意度。

日本这种独特的旅游发展策略，通过技术创新来增强文化体验的可接近性和互动性，不仅巩固了其作为旅游目的地的吸引力，也展示了如何有效地将传统文化与现代科技融合，创造出全新的旅游体验。这些举措不仅提升了游客的访问体验，也为全球旅游业的发展提供了宝贵的借鉴。

（二）泰国：社区旅游和当地经济发展

泰国的旅游策略聚焦于通过社区旅游来支持地方经济发展和文化保护，这种策略有效地利用了该国丰富的文化资产和自然景观。社区旅游项目特别强调游客与当地社区的直接互动，使游客有机会深入了解并体验当地的生活方式和传统。这不仅增加了旅游的吸引力，也促进了文化的传承和保护。

在泰国，社区旅游模式为游客提供了一个展示泰国多样化文化的平台。通过这种模式，游客不仅能观赏到风景如画的自然景观，还能亲身体验丰富多彩的文化活动。这种深度旅游体验不仅丰富了游客的旅行内容，也有助于经济利益的更广泛分配。特别是，它确保了旅游收益能够直接回馈给那些维护和分享其文化和自然资源的当地社区。

以清迈和普吉为例，这两个地区的社区旅游项目允许游客直接参与当地的手工艺品制作和传统农业活动，甚至参与到生态保护项目中。在清迈，游客可以参与制作传统的泰北手工艺品，如编织和陶艺，这些活动不仅支持了当地的小规模艺术家，也帮助游客了解和欣赏这些技艺的文化背景。在普吉，旅游项目可能包括参与珊瑚礁的恢复工作，这种活动不仅对环境有益，也提升了游客的环保意识。

这种参与式旅游模式帮助保护了当地环境和文化遗产，同时也极大增加了游客对旅游体验的满意度和参与感。游客们不仅仅是被动的观光者，而且成为文化和环保活动的一部分，这种互动体验加深了游客对泰国文化的理解和尊重，也提高了他们对旅行体验的整体满意度。

总的来说，泰国的社区旅游模式为地方经济的多元化发展提供了动力，同时通过实际行动保护和传承了当地的文化与自然资源。这种模式不仅有助于实现可持续发展的目标，还强化了游客与当地社区之间的联系，为泰国旅游业的高质量发展树立了标杆。

通过这些策略，日本和泰国各自展示了亚洲在旅游业高质量发展方面的独特途径和创新实践。这些经验不仅促进了旅游业的经济和社会效益，也为其他国家提供了值得借鉴的模式。

三、北美的创新实践

北美地区在旅游业高质量发展方面也表现出独到的创新与多样性。加拿大和美国作为此领域的两个主要国家，各自通过当地居民旅游项目、自然旅游以及数字化旅游服务和市场多样化策略，有效地提升了旅游业的整体质量和可持续性。

（一）加拿大：当地居民旅游项目和自然旅游

加拿大作为推广当地居民旅游项目和自然旅游的领导者，其战略有效地融合了文化保护和生态旅游的元素，极大地促进了国家的文化多样性和生态可持续性。通过这些项目，加拿大不仅成功地保护了当地居民的文化遗产，还为当地居民社区带来了经济上的直接利益和发展机会。

当地居民旅游项目特别强调由当地居民社区主导和管理。这一做法不仅保障了文化传承的真实性和完整性，也增强了游客对这些文化独特性的认识和尊重。参与者有机会直接与当地居民社区互动，体验其丰富的文化活动，如参与庆祝传统节日、学习如何制作当地居民工艺品，以及观赏传统音乐和舞蹈表演。这些互动不仅教育游客了解和欣赏当地居民文化的复杂性和魅力，还帮助当地居民社区保持其文化活动的活力，为年轻一代提供一个学习和继承传统的平台。

与此同时，加拿大的自然旅游项目则着重展示该国壮观的自然风光和丰富的生物多样性。加拿大政府和旅游部门大力推广如落基山脉、班夫国家公园和尼亚加拉大瀑布等标志性自然景观，吸引着来自世界各地的游客。这些地点不仅提供了绝佳的摄影机会，还提供了各种户外活动，包括徒步旅行、皮划艇、攀岩和野生动物观察等。通过这些活动，游客不仅能够近距离接触自然，更能在享受自然美景的同时，增进对环境保护的意识。

此外，加拿大还在努力确保旅游活动对环境的影响最小化。在自然保护区和国家公园内，严格的管理政策和游客指导帮助减少人类活动对自然环境的干扰，确保生态系统的长期健康和稳定。这种对坏境的尊重也反映在向游客提供的教育资源中，如解释性讲座和指南，强调可持续旅游的重要性。

通过这些综合的策略，加拿大不仅在全球旅游市场中树立了一个积极的形象，也为其他国家提供了如何通过旅游促进文化保护和经济可持续发展的有效模式。这些努力显示了一条同时兼顾文化遗产保护和自然保护的可持续发展道路，为全球旅游业的未来发展树立了标杆。

（二）美国：数字化旅游服务和市场多样化

美国的旅游业发展策略突出表现在通过数字化旅游服务和市场的多样化，这些策略有效地提升了游客的体验，并拓宽了旅游产品的覆盖范围。通过整合先进的信息技术，美国旅游业不仅增强了游客的互动体验，还提高了整个行业的操作效率和客户满意度。

在数字化服务方面，美国旅游业广泛应用了移动应用、增强现实（AR）和虚拟现实（VR）技术。这些技术使得旅游服务更为便捷，同时提供了更加丰富和深入的旅游体验。例如，在纽约市，游客可以通过智能手机应用轻松预订博物馆和剧院的门票，获取实时的交通信息，甚至在访问前通过虚拟现实技术预览像自由女神像等著名地标的内部景观。这种技术的应用不仅为游客节省了时间，也在一定程度上避免了现场排队的不便，提高了游览的舒适度和效率。

此外，美国的市场多样化策略也在旅游产品和服务的设计与推广中体现出来。美国旅游业提供了从豪华城市体验到野外探险旅游、从文化历史游到生态旅游的广泛选择，满足了不同消费者群体的需求和偏好。例如，对于追求奢华体验的游客，可以选择在拉斯维加斯的豪华酒店享受顶级娱乐和餐饮服务；而对于喜欢探险的游客，可以参加科罗拉多大峡谷的白水漂流或是阿拉斯加的野生动物观察之旅。

美国还特别重视生态旅游的发展，推动旅游业与环境保护的和谐共生。在夏威夷、佛罗里达和加利福尼亚等地，生态旅游项目允许游客在享受大自然美景的同时，了解当地的生态系统和野生动物保护工作。这些项目往往包括由环境学者或当地社区成员领导的导览，增强了游客对自然保护的认知和支持。

通过这些策略，美国不仅在提升国内外游客的旅游体验中取得了成功，也在推动旅游业可持续发展方面发挥了模范作用。这种对技术创新和市场多样化的重视，使美国旅游业能够在竞争激烈的全球市场中保持领先地位。

加拿大和美国的这些实践不仅提升了旅游体验的质量，也显示了北美在旅游业创新实践方面的领导力。通过当地居民和自然旅游项目，加拿大成功地结合了文化保护与经济发展，而美国则利用技术创新来增强旅游业的吸引力和竞争力，同时确保了产品和市场的多样性，满足了不同旅游者的需求。这些策略为全球其他地区提供了宝贵的参考，展示了如何通过创新和多样化推动旅游业高质量发展。

第三节　旅游业高质量发展的经济社会意义

旅游业是世界上增长最快的经济部门之一，对全球 GDP 的贡献显著。据世界旅游与旅行理事会（WTTC）报告显示，旅游业直接、间接和诱发影响在一些国家中对 GDP 的贡献率高达 10%。旅游业不仅创造就业，增加外汇收入，还带动了交通、餐饮、零售等相关行业的发展。

随着全球化的深入和环境问题的日益突出，传统的旅游业发展模式已经无法满足现代社会的需求。高质量发展模式的推广成为必然趋势。通过提高旅游业的整体质量，不仅可以提升游客的满意度和体验，还可以有效管理和利用资源，减少对环境的负面影响，同时保护和弘扬地区文化，促进经济社会的全面进步。因此，研究旅游业的高质量发展不仅具有理论价值，更具有实际的指导意义，为全球旅游业的可持续发展指明方向。

一、经济意义

旅游业的高质量发展对经济的影响是多方面的，从直接推动地方经济增长到刺激基础设施的发展，再到增强外汇收入，其经济意义深远而广泛。

（一）促进地方经济增长

旅游业作为一个多维度的经济引擎，在推动地方经济增长方面发挥着关键作用。

首先，旅游业是一个重要的就业创造者。它不仅在旅游企业内部直接创造了大量工作岗位，如酒店员工、餐饮服务人员、旅行社职员和导游，还间接促进了当地的交通、零售、文化娱乐等相关行业的就业增长。例如，游客到访增加了公共交通的使用频率，提高了本地出租车服务的需求，同时也促进了纪念品商店和地方特色商店的销售。

其次，旅游业能够显著增加地区的 GDP。游客的消费活动不仅限于住宿和餐饮，还包括购物、观光和参与当地的娱乐活动，这些消费直接增加了地区的经济活动量。例如，一个旅游热点地区可能会吸引数百万游客，他们的消费可以显著提高当地的商业销售额。此外，大型旅游活动，如节日和文化庆典，也会吸引外地游客，带动周边地区的经济活动。

此外，旅游活动还能增加地方政府的税收收入。这些收入来源于酒店和餐饮业的营业税、旅游景点的门票税以及各种服务的销售税。随着税收收入的增加，地方政府能够有更多资源用于改善公共服务和基础设施，如公园和博物馆的维护，公共交通系统的升级，以及更广泛的城市美化项目，这些改进不仅提升了居民的生活质量，也使得该地区对未来的游客更具吸引力。

因此，旅游业对地方经济的贡献是多方面的，从促进就业和增加GDP到提高税收和改善基础设施，旅游业的健康发展对于地区的经济繁荣至关重要。通过策略性地投资于旅游业和优化旅游相关服务，可以持续地推动地方经济向前发展。

（二）投资与基础设施发展

旅游业的发展对基础设施投资产生了显著的推动作用，这些投资不仅涉及私人部门，还包括公共部门的积极参与，共同促进了地区经济的进一步增长。随着旅游业需求的增加，交通网络、公共设施如公园和休闲设施以及其他旅游相关设施如酒店和会议中心的改善与扩展成为必要。这些基础设施的升级和建设不仅为游客提供了更好的服务体验，也极大地提升了当地居民的生活质量。

交通网络的改进，例如机场扩建、新公路和轨道交通的建设，直接提高了旅游地的可达性，使其能够吸引更多国内外游客。此外，增强的交通网络也便利了当地居民的出行，促进了区域间的经济交流。

公共设施的建设和改造，如公园的绿化、体育设施的更新以及文化设施的扩建等，不仅丰富了游客的旅游体验，也为居民提供了更多的休闲和娱乐选择，改善了社区环境，提高了居住的吸引力。例如，新建的文化中心和体育馆成为社区活动的中心，增强了社区的凝聚力。

此外，对旅游设施的投资，如新建或翻新酒店、会议中心的建设，不仅满足了增长的旅游需求，还创造了就业机会，提供了新的收入来源。这些设施的增加和改善吸引了更多的商务和休闲旅客，增加了会议和活动的承载能力，从而直接促进了当地经济活动的活跃。

总体而言，旅游业的需求推动了一系列基础设施的投资和发展，这些投资不仅直接服务于旅游业的需求，也促进了更广泛的经济和社会发展。通过这种方式，旅游业成为推动地方经济现代化和全面发展的重要力量。

（三）旅游业的外汇收入

对于许多国家，尤其是发展中国家和小型经济体，旅游业不仅是重要的经济活动，更是外汇收入的关键来源。国际游客的消费活动带来了大量的外币流入，这些外币入境直接增加了国家的外汇储备。这一点对于那些依赖进口重要商品和服务的国家来说尤其重要，因为充足的外汇储备有助于保障国家在全球市场上的采购力，确保经济活动的正常运行。

此外，旅游业的外汇收入对于国家的财政和货币政策具有重要意义。增加的外汇储备可以增强国家的财政安全，为政府提供更多的政策空间来调节经济。例如，通过使用外汇储备，国家可以更有效地应对外部经济冲击，稳定本币汇率，减少因汇率波动带来的经济不确定性。

旅游业所产生的外汇收入还有助于平衡国际贸易赤字。对于那些经常出现贸易赤字的国家，旅游业提供的外汇可以补偿其他行业的贸易逆差，增强国家的支付能力。这种支付能力的增强，使得国家能够支付其进口账单，减少债务累积，从而在国际贸易中保持竞争力。

通过吸引国际游客，旅游业帮助国家获得了必要的外汇，支持国家经济的稳定发展，并提高其在全球经济中的战略地位。因此，旅游业不仅是推动当地经济发展的一种方式，更是国家经济战略中不可或缺的一部分，特别是在全球化日益增强的今天，旅游业的作用更加凸显。

总之，旅游业的高质量发展在经济层面上的意义不仅体现在直接的经济贡献上，更在于其能够带动整体经济结构的优化和长期可持续发展。通过智能的规划和管理，旅游业可以成为推动全球经济增长的重要力量。

二、社会意义

（一）文化保护与传承

保护和传承文化是社会发展的重要组成部分，它关乎将我们的历史和身份延续给未来的一代，同时确保文化多样性的持续。通过促进文化遗产的保存，我们不仅可以防止无形和有形文化资产的消失，还可以增强后代对其文化根源的了解和尊重。无形文化资产如音乐、舞蹈、语言和传统节日的保护同样重要，它们是民族文化认同的重要部分，需要通过教育和社区活动来持续传承。

例如，修复古建筑和振兴传统手工艺，不仅保存了历史遗迹，还复兴了几乎被遗忘的技艺。这些活动通过修复作业和工艺研习所传递的技能和知识，为当地社区创造了就业和学习的机会。此外，这种文化的保存和弘扬还可以增强民族自豪感和文化认同。当人们看到自己的文化被重视和庆祝时，会更加倾向于参与到其保护和传播中来。

文化认同的强化对于构建社会凝聚力和增强国家身份感是至关重要的。在全球化日益加深的今天，文化的独特性可以成为一个国家或地区在全球舞台上的独特标志。

例如，通过国际文化交流项目和文化遗产的全球展示，不仅可以增加外国人对本国文化的了解和尊重，也可以促进国家间的理解与和平。

总之，文化遗产的保护和传承是一个全方位的努力，它需要政府、私人部门和民间社会的共同参与。通过教育、立法和社区动员等多种手段，我们可以确保文化遗产得到妥善地保护并有尊严地传承给未来的一代，从而保持文化的生命力和相关性。这不仅仅是为了保存过去，更是为了丰富现在和未来的社会文化景观。

（二）社会融合与理解

在多元化的全球环境中，社会融合与理解显得尤为重要。这种理解可以通过促进国际交流与文化的相互认知来实现，从而有效减少误解和冲突。不同文化背景的人们可以通过艺术、文学和共同的社会活动等多种形式进行交流和学习，这种互动不仅丰富了个人的世界观，也促进了全球社会的和谐。

例如，国际文化节和交流项目提供了一个平台，让来自不同国家的人们有机会在非正式和开放的环境中深入了解彼此的文化、艺术和生活方式。这些活动通常包括音乐、舞蹈、美食、工艺展示等元素，不仅展示了文化的多样性，还促使参与者在享受和学习的过程中建立了跨文化的友谊和理解。

同时，增进地区间的社会和解也可以通过共同的社会项目和合作来实现。例如，跨地区的环保项目或社区发展计划可以聚集来自不同背景的个体共同解决全球性或地区性的问题。在这些合作过程中，参与者不仅共同努力达成具体的环境或社会目标，还在合作中学习如何理解和尊重彼此的差异和特点。

此外，教育项目，如学校和大学的国际交流计划，也极大地促进了文化的理解和融合。通过这些教育交流，学生可以在日常生活中体验不同文化，这种经历往往能够深刻改变个人的世界观和对其他文化的态度。

这些文化交流和社会融合的努力，不仅有助于建立个人和集体层面的和平与友谊，也为解决更广泛的全球性问题提供了基础。通过这种持续的交流和合作，我们能够构建一个更加理解和包容的世界，从而为未来的全球合作奠定坚实的基础。

（三）提高生活质量

文化活动和设施的增加对于一个社区的多方面发展至关重要，不仅仅局限于精神层面的丰富。它们为当地居民提供了直接的经济和生活质量的改善，包括提供就业机会和增加经济收入。例如，艺术展览、电影节、音乐会、书展以及各种文化节等活动吸引了大量游客，这不仅带动了旅游业的发展，还促进了周边商业的繁荣，如餐饮业、零售业和交通服务业等。这些活动带来的游客流量增加了当地商家的销售额和收入，从而直接提升了整个地区的经济活力。

此外，文化设施如博物馆、图书馆、剧院以及社区艺术中心等，不仅是知识和文化的宝库，也成了社区生活的核心部分。这些设施提供的休闲和娱乐资源极大丰富了社区居民的文化生活，为居民提供了学习新知、享受艺术和参与社区活动的机会。例如，图书馆不仅提供书籍借阅，还可能举办作家讲座、儿童故事时间和教育工作坊，增加了社区的学习机会和文化交流。

博物馆和剧院等文化设施还常常作为社区的集会点，举办各种展览和演出，这不仅提高了当地居民的生活质量，也吸引了外来游客，进一步提升了地区的文化形象和旅游吸引力。这种文化与经济的互动循环，增强了社区的凝聚力，同时也提高了居民的幸福感和归属感。

因此，通过投资和加强文化设施和活动的建设，可以为社区带来经济上的直接利益，并提升居民的生活质量。这种投资不仅是对物质基础设施的投入，更是对社区文化生活的长期投资，其积极影响将惠及当地社区多个世代。

三、发展生态旅游的环境意义

（一）可持续旅游的推广

推广可持续旅游的核心目标是确保旅游业的长期可持续性，同时最小化其对环境和当地社区的负面影响。这种旅游模式不仅着眼于经济收益，更强调环境保护和社会责任的平衡，目的是在开发旅游业的同时，采取具体措施来保护自然环境和提升当地社区的生活水平。

具体实施可持续旅游的策略中，实施绿色酒店标准是一个重要的步骤。这包括使用可再生能源，减少废水和废物，以及采用环保材料和技术来建造和维护酒店设施。通过这些措施，酒店业能够大幅减小其对环境的影响。同时，限制游客数量尤其是在生态敏感区域，如珊瑚礁、热带雨林或野生动物栖息地，这有助于防止过度旅游带来的破坏。

此外，发展生态旅游项目，如野生动物观察、自然景观徒步和生态志愿者活动，为游客提供了直接接触和体验自然的机会。这些活动不仅让游客欣赏自然美景，更通过解说和教育活动增强了游客对环境保护的意识和责任感。教育成分的加入，如通过专业导游解释生态系统的运作和保护的重要性，使游客在享受自然美的同时，也学会了如何负责任地行动，减少对环境的影响。

加强对当地文化的尊重和保护也是可持续旅游的一部分。通过支持当地手工艺品市场、参与当地节庆活动,以及品尝当地食品,旅游不仅增进了游客和当地居民之间的交流,也为当地经济带来了直接的益处。

综合来看,可持续旅游的推广是一个全方位的努力,涉及环境保护、社会责任和经济活动的多重考量。通过实施上述措施,旅游业能够成为推动全球可持续发展的重要力量,同时确保旅游带来的益处能够惠及当前及未来的世代。

(二) 生态系统服务的增强

生态系统服务是自然环境提供给人类的无数益处,包括但不限于清新的空气、清洁的水源和肥沃的土地。这些服务是自然界无偿提供的,对人类生存和福祉至关重要。通过保护自然资源和生物多样性,我们不仅保护了地球上无数物种的生存环境,还维护了地球生态系统的健康和稳定。这种保护是长远的,涉及未来几代人的生活质量。

例如,森林和湿地等关键生态区的保护对于调节气候、存储碳排放具有至关重要的作用。森林作为地球的"肺",能够吸收二氧化碳,释放氧气,调节空气质量,并影响降雨模式。湿地则像是自然的水处理厂,能够过滤污染物,控制洪水,并为水生生物提供栖息地。这些生态区的健康直接影响到全球气候的稳定性以及地方水资源的可用性。

同时,减少环境污染和生态退化是当前环境保护的另一个重点。工业活动的增长虽带来了经济发展,但同时也伴随着大量的废物和排放问题。通过实施更严格的排放标准,使用更环保的生产技术,减少工业排放,我们可以显著降低这些活动对环境的压力。此外,控制一次性塑料使用和推广可再生能源的使用不仅减少了对化石燃料的依赖,也减少了塑料废物对海洋和陆地生态系统的污染。

通过这些方法,我们可以有效地保护和恢复生态系统服务,保障人类社会的可持续发展。在全球范围内,这要求国际合作和政策制定者的积极参与,确保环境保护措施得以实施并产生影响。只有通过共同的努力,我们才能确保地球的健康和所有生物的未来。

第四节 当前我国旅游业发展的现状与挑战

一、旅游业的当前发展现状

(一) 经济贡献

旅游业在我国经济发展中扮演着重要角色,对经济增长和社会发展的贡献十分显著。

首先,旅游业对国内生产总值(GDP)的贡献极为重要。通过吸引国内外游客,旅游业不仅直接增加了服务业的收入,还带动了零售、餐饮、娱乐、交通等相关行业的发展。这种拉动效应促进了地方经济的整体增长,特别是在旅游热点地区,旅游收入成为当地经济的重要支柱。

其次,旅游业的就业影响也非常显著。旅游业是劳动密集型行业,从前线的导游、酒店服务员、餐厅员工到幕后的旅游规划师、市场营销专家,以及交通行业的员工,旅游业为广大求职者提供了多样化的就业机会。例如,大型旅游项目的开发和运营需要大量的人力资源,这不仅为当地居民提供就业机会,也吸引了外地人才的流入,进一步促进了区域就业市场的繁荣。

此外,旅游业对提升人民生活水平的作用也不容忽视。通过旅游业的发展,当地居民可以从中获得直接和间接的经济利益。直接利益包括从事旅游相关职业的收入增加,间接利益则来自旅游业带动的地方经济活动增加,如手工艺品销售、地方特色美食供应等,这些都极大地丰富了当地居民的经济来源和提高了生活质量。

综上所述,旅游业作为国家经济的重要组成部分,通过提供就业机会、增加地方财政收入和促进相关产业链的发展,显著推动了我国的经济和社会发展。因此,持续推动旅游业的健康发展,对于保持经济稳定增长和提升国民生活水平具有重要意义。

(二) 旅游类型与趋势

在旅游类型上,国内旅游和国际旅游均展示出稳定的增长趋势。国内旅游的增长主要得益于国民经济的持续发展和居民消费能力的显著提升。随着居民收入的增加,越来越多的家庭和个人选择通过旅行来丰富生活经验和提高生活质量,这直接推动了国内旅游市场的扩大。同时,国家对国内旅游的政策支持,如提升旅游景点的服务质量、完善旅游基础设施建设、举办各种文化和旅游节庆活动,也极大地刺激了国内旅游业的发展。

对于国际旅游而言,全球化进程以及中国旅游目的地的多样化和日益增强的国际吸引力,为国际游客的增长提供了强有力的支持。中国丰富的历史遗产、独特的文化景观以及迷人的自然风光,吸引了世界各地的游客。此外,政府在简化签证程序、加强国际航线网络、推广国际旅游营销等方面所做的努力,都极大地促进了国际旅游的流动和交流。

同时,随着公众环保意识的增强和对高质量生活的追求,新兴旅游趋势如生态旅游、文化旅游和农业旅游等开始受到越来越多人的青睐。生态旅游注重在享受自然美景的同时保护环境，避免对生态系统造成破坏；文化旅游使游客深入了解和体验地方的历史文化，强调与当地社区的互动和文化的真实体验；农业旅游则连接了农村生活和城市人群，推广农田体验和农产品直销，增进游客对传统农业和乡村生活的理解。这些新兴的旅游形式不仅丰富了旅游市场的产品供给，也符合可持续发展的理念，有助于保护旅游资源和提升旅游体验的质量。

总的来说，无论是国内旅游还是国际旅游，都在不断适应和响应市场的变化和需求。随着旅游业的不断发展和演变，更多的新兴旅游形式预计将持续出现，推动旅游业向更加多样化和可持续化的方向发展。

（三）基础设施发展

基础设施的发展对旅游业的持续增长起着至关重要的作用。我国对旅游相关的交通网络进行了大规模的投资，这些投资不仅包括新建和扩建机场，还涵盖了高速铁路和公路的建设与升级。这些基础设施项目的实施极大地便利了游客的出行，使得从国内外各地到达主要旅游目的地变得更快捷、更安全、更舒适。例如，随着高速铁路网的扩展，一些以前难以到达的景区现在可以在几小时内轻松到达，极大地增加了这些地区的旅游吸引力。

同时，旅游服务设施的建设和升级也在同步进行。从星级酒店到经济型住宿，从大型旅游综合体到地方特色的旅游信息中心，各类旅游服务设施都在努力提升服务标准和游客体验。例如，许多城市和旅游热点地区都建立了现代化的旅游信息中心，这些中心不仅提供路线规划、活动信息和预订服务，还提供多语言服务，以满足不同国籍游客的需求。

此外，随着数字化技术的发展，智能旅游也开始兴起。数字化服务，如在线预订系统、虚拟导游、移动支付和实时交通更新等，已经成为提升旅游体验的重要工具。这些技术的应用使得游客能够更方便地获取信息、规划行程和享受旅行，同时也帮助旅游业者更好地管理运营和服务质量。

综上所述，通过不断的基础设施投资和服务设施的提升，我国的旅游业正变得更加多元化和国际化。这不仅满足了国内外游客的高标准需求，也为旅游业的长远发展奠定了坚实的基础。

（四）政策与支持

政府对旅游业的支持体现在多个层面，通过一系列综合政策和措施，旨在促进旅游业的健康发展，提升国际竞争力。

首先，国家和地方政府通过实施各种政策来直接支持旅游业，这包括提供财政补贴来资助关键项目，如旅游基础设施建设和重大旅游活动。此外，政府还提供税收优惠，如减免旅游企业的所得税、增值税和进口关税，这些措施极大地减轻了旅游企业的财务负担，鼓励了更多的投资进入该行业。

特别的市场开发支持也是政府支持旅游业的重要方式之一。政府部门经常组织国内外的旅游推广活动，参与国际旅游展会，以及与其他国家和地区的文旅局合作，共同开发跨国旅游产品和市场。这些努力有助于提升目的地的国际形象，并吸引更多的外国游客。

此外，旅游业的市场化进程和政策调整也在不断推进。政府正在简化旅游投资和运营的审批流程，减少行政干预，使得市场能够在旅游业发展中发挥更大的决定性作用。例如，通过优化行政流程和减少许可证要求，政府有助于降低企业的运营障碍和成本，使旅游市场更加开放和竞争。

同时，推广电子商务和数字化服务也成为政府支持旅游业的一个重点。在数字化时代，政府支持旅游企业利用最新的信息技术，如移动应用、人工智能和大数据分析，来提升服务质量和运营效率。这些技术的应用不仅可以改善游客的体验，还可以帮助旅游业者更好地理解市场动态和消费者需求，从而制定更有效的营销策略和产品开发计划。

综合来看，政府的这些支持措施共同作用，旨在营造一个有利于旅游业发展的政策环境，促进旅游业的长期健康发展，并提升其在全球旅游市场中的竞争力。这些政策的实施，不仅提升了旅游业的市场活力，也为相关产业和地区经济的增长提供了强大的动力。

通过这些措施，我国的旅游业不仅在增强经济活力和提供就业机会方面发挥了重要作用，也在逐步提升服务质量和旅游体验，以适应国内外游客日益多样化和个性化的需求。

二、旅游业面临的主要挑战

（一）环境挑战

尽管旅游业在促进地区经济增长和提高当地就业率方面发挥着不可忽视的作用，但它对环境的负面影响同样显著。众所周知，旅游活动中的资源消耗尤为突出，例如水资源的过度使用已成为许多热门旅游目的地面临的严峻问题。每年，成千上万的游客涌向这些地区，导致水质下降和水资源枯竭的风险增加。此外，垃圾管理和污水处理的不当也是环境压力的主要来源。在旅游高峰期，一些地区的垃圾处理设施常常超负荷运转，不仅影响景观，还可能污染当地的土壤和水体。

面对这些挑战，实施可持续旅游策略显得尤为重要。然而，可持续旅游的推广并非无障碍。

首先，如何在不牺牲经济利益的情况下实现环保目标，是所有利益相关者需要面对的难题。经济收益往往是推动旅游业发展的主要动力，但过度商业化会对自然资源造成不可逆转的损害。

其次，推广绿色旅游实践亦非易事。虽然越来越多的旅游企业开始意识到环保的重要性，但在实际操作中，如何有效地整合绿色旅游策略，并将其普及到广大游客和旅游企业中去，依然是一个复杂的过程。

因此，旅游业的可持续发展需要政府、企业和消费者三方面的共同努力。政府可以通过制定严格的环境保护法规，引导旅游业向更加环保的方向发展。同时，企业需要采取切实可行的措施，比如投资先进的废物处理技术，提高资源利用效率，同时教育和激励游客参与到环保行动中来。只有这样，才能真正实现旅游业的绿色转型，使其成为经济发展与环境保护并行不悖的典范。

（二）经济挑战

旅游业的经济动态复杂且多变，受到各种宏观和微观经济因素的影响。季节性波动是旅游业特有的经济特点之一，对于依赖特定季节旅游活动的地区来说，这一点尤为明显。例如，滑雪场和海滨度假村在旺季时游客如云，经济活动旺盛；然而到了淡季，这些地区则可能陷入经济停滞，商家和从业者面临收入锐减的困境。这种高峰与低谷的剧烈波动，对当地的经济稳定和持续发展构成了挑战。

此外，全球经济的波动也对旅游业产生重大影响。在经济繁荣时期，人们的旅游意愿和消费能力较强，国际游客的流动性增加，带动旅游业收入增长。然而，当全球经济遭遇衰退或不确定性加剧时，如金融危机或地缘政治紧张局势，旅游需求会急剧下降。国际游客的减少不仅影响旅游收入，也可能导致相关行业如酒店、餐饮和交通业的经济增速放缓。

经济波动对旅游业的影响还体现在汇率变化上。汇率波动可能使得某些旅游目的地对国际游客更具吸引力，而使其他地区的旅游成本上升，从而影响游客的选择和旅游流向。这种外部经济环境的不确定性要求旅游业界不断调整策略，以应对快速变化的市场条件。

面对这些经济挑战，旅游业需要采取多种策略来增强抗风险能力和经济稳定性。例如，开发非季节性的旅游产品和服务，以减少对特定旅游高峰期的依赖；同时，加强市场多元化，开拓新的客源市场，以减轻单一市场波动带来的影响。此外，通过提高服务质量和游客体验，增强旅游目的地的竞争力，也是应对经济挑战的有效途径。通过这些综合措施，旅游业可以更好地适应和利用全球经济的动态变化，促进可持续发展。

（三）社会文化挑战

旅游业虽然为文化遗产的宣传与保护提供了机遇，但同时也带来了不小的挑战。在全球化的大背景下，旅游业对文化遗产的利用往往面临两难选择：一方面，通过展示独特的文化景观和历史遗址来吸引游客，从而为当地经济注入活力；另一方面，旅游业的迅速扩张和商业化发展可能会对这些宝贵文化资源造成不可逆转的损害。例如，过度的游客流量可能会导致古迹结构损坏，且无度的商业活动会稀释文化遗产的原有价值和意义。

此外，旅游业的发展还必须考量对当地社区的影响。虽然旅游业能够带来经济上的直接利益，如增加就业机会和提高当地收入水平，但它也可能引起社会文化问题，如生活成本的提高和社区结构的改变。这些变化有时会对居民的日常生活产生负面影响，如噪声污染、环境破坏和传统生活方式的消失。因此，确保旅游活动能够在不破坏当地居民生活质量的前提下进行，是实现旅游业可持续发展的关键。

为了解决这些社会文化挑战，旅游业需要采取综合性的策略。

首先，应加强文化遗产的保护工作，通过制定严格的访问规则和维护措施来控制游客数量和行为，保护文化遗址不受破坏。

其次，增强社区参与和受益是非常重要的。通过让当地社区参与旅游规划和管理过程，可以确保旅游发展计划与当地居民的需求和利益相一致。此外，开展文化教育活动，提升游客对当地文化的认识和尊重，也是维护文化遗产的有效手段。

通过这些措施，旅游业可以更好地实现与文化遗产保护的和谐共生，同时促进社会文化的可持续发展，使旅游不仅成为经济增长的驱动力，也成为文化传承和社区发展的桥梁。

（四）技术与创新挑战

在这个科技日新月异的时代，旅游业面临的技术挑战不断增加。为了保持竞争力，旅游业必须不断地更新其技术应用，旨在提升运营效率和提高客户服务质量。数字化预订系统的优化、通过人工智能（AI）提高个性化服务以及虚拟现实（VR）和增强现实（AR）技术提供的沉浸式旅游体验，都是推动行业前行的关键技术应用。例如，虚拟现实技术使得游客可以在不离开家的情况下预览远程旅游目的地，提供了一种全新的方式来探索世界。

同时，随着消费者对旅游体验的期望不断提高，对创新体验和服务的需求也在增加。现代游客寻求的不仅仅是传统的观光体验，他们越来越多地渴望参与和体验，如通过游戏化的互动、定制化旅行路线，以及利用移动设备提供的即时服务。旅游业界需要不断探索和实现新的创意，以发展新的旅游产品和服务，满足这种不断变化的市场需求。

例如，利用大数据分析可以帮助旅游公司更好地理解客户行为和偏好，从而设计更符合市场需求的产品。同时，区块链技术的应用能够提供更安全透明的支付和预订环境，增强消费者信心。此外，智能语音助手和聊天机器人的集成，可以提供24/7的客户服务，极大地提升游客的满意度和旅行体验。

在技术革新的驱动下，旅游业的未来将越来越依赖于其能否有效整合最新的技术解决方案，不仅仅是为了提高内部效率，更是为了创造符合现代游客期待的全新旅行体验。通过这种方式，旅游业可以不断地适应并引领市场的发展，确保其长期的生存和繁荣。

（五）政策与管理挑战

随着旅游业的快速发展，政策与管理上的挑战愈发凸显，其中政策的适应性与前瞻性成为决定行业能否持续健康发展的关键因素。政策制定者面临的首要任务是准确预见行业发展趋势，并据此制定既促进经济增长又符合可持续发展原则的政策。例如，应对气候变化的政策需求推动了对低碳旅游的关注，而技术进步则要求政策不断更新，以适应数字化和网络安全的新要求。

此外，随着全球化的深入，国际合作和标准制定成为旅游管理的重要组成部分。旅游业的全球性特征要求各国政策不仅要符合国内的发展需求，还要能够与国际标准和实践相对接。这不仅有助于确保提供的旅游产品和服务的质量，还有助于提升旅游目的地的国际竞争力。例如，通过采纳国际认可的酒店和旅游服务标准，可以更有效地吸引国际游客。

管理上，旅游业也面临着诸多挑战，如如何平衡发展与环保、如何确保旅游活动的安全性以及如何通过政策引导旅游消费模式。在这些方面，政府和行业机构需要共同努力，通过引入和执行更严格的环保法规、安全标准和质量监管措施，来保障旅游业的健康发展。同时，政府可以采取激励措施，如税收优惠、资金补助等，以支持旅游业的创新和升级改造。

总的来说，虽然旅游业在带动经济增长、增加就业和推广文化等方面发挥了积极作用，但面对环境保护、经济波动、社会文化、技术创新和政策管理等多方面的挑战，还需要全行业的共同努力，通过创新和调整来寻找新的发展道路。

第二章 旅游政策与法规的演变及现状

旅游业作为国家经济的重要组成部分，不仅显著促进了地区经济的增长，还极大地丰富了文化交流。通过吸引国内外游客，旅游业帮助传播本土文化，提升国家文化软实力，同时也为保护文化遗产、推广地方特色和促进国际友好提供了平台。随着全球化的推进和人民生活水平的提高，旅游已成为越来越多人生活中不可或缺的一部分。

第一节 我国旅游政策与法规的发展历程

政策和法规不仅为旅游业的健康有序发展提供了指导和框架，也确保了旅游活动的安全、可持续性及对环境的保护。从早期的政策引导到现行的法规完善，我国的旅游政策和法规经历了逐步发展和不断调整的过程，这一过程与国家经济发展战略、文化传承保护以及国际旅游市场的变化紧密相连。通过合理的政策引导，旅游业已成为推动经济发展、增进人民福祉、促进文化繁荣的关键力量。因此，理解我国旅游政策与法规的发展历程，不仅有助于把握旅游业的发展脉络，也有利于评估和预测未来旅游市场的变化趋势和政策导向。

一、旅游政策与法规的起源和初期发展

（一）早期的旅游政策和法规背景（改革开放初期）

中国的旅游政策与法规的发展始于改革开放时期。自 1978 年起，中国开始实施一系列改革开放政策，其中包括逐步对外开放市场和引入市场经济机制。在这一转型的大背景下，中国政府开始认识到旅游业的重要性，将其视为一个能够显著促进经济增长、带来外汇收入，并为广大劳动力创造就业机会的重要经济部门。

在这一阶段，旅游业的发展被初步纳入国家经济发展的总体规划之中。政府的早期政策重点在于打造一个对外开放的旅游环境，以吸引更多的外国游客。为此，政府采取了一系列措施，包括逐步放宽对外国游客的签证政策和旅行限制，以及推广中国

的旅游目的地和文化特色。

与此同时，政府开始制定和实施相关的政策和法规，旨在促进旅游业的健康和有序发展。这包括建立旅游管理机构，制定旅游业标准和规范，以及推动旅游业基础设施的建设，如提升交通设施、酒店和其他旅游相关设施的质量和服务水平。此外，政府还推动了旅游教育和培训项目，旨在提高从业人员的专业技能和服务质量。

这一时期的政策和法规虽然初具规模，但为中国旅游业的快速发展和后续更全面的政策制定奠定了坚实的基础。通过初步的开放和规范，中国的旅游市场开始逐步与国际市场接轨，为未来旅游业的蓬勃发展提供了重要的推动力和制度保障。这些措施不仅成功地推动了国内旅游业的快速发展，也使中国逐渐成为世界上最受欢迎的旅游目的地之一。

（二）旅游业作为经济发展策略的引入

在改革开放的大背景下，旅游业被视为一种新兴的经济发展策略。这一策略的核心是将旅游业作为国民经济的一个重要增长点，利用其潜在的经济带动效应来促进区域经济的整体发展。政府开始通过各种措施促进旅游业的发展，例如设立特区和旅游度假区。这些区域专门为发展旅游业提供了优惠政策，包括税收减免、土地使用权的优惠条件，以及较为宽松的行政审批流程，从而吸引国内外投资者的关注和资金投入。

政府还积极优化旅游相关的基础设施建设，包括交通、酒店和娱乐设施。这些基础设施的改善不仅提高了旅游目的地的吸引力，也极大提升了游客的满意度，为旅游地区创造了更多的经济活动和就业机会。例如，交通基础设施的建设和改善，如机场、高速公路和城市交通系统，极大地便利了国内外游客的出行，提升了旅游地的可达性。

此外，政府还特别强调引导和鼓励国内外的投资者投资旅游项目。这包括提供市场信息服务、举办旅游推介活动以及建立旅游发展基金，以降低投资者的投资风险和经营成本。通过这些措施，旅游服务的国际竞争力得到了显著提升，中国的旅游品牌也逐渐走向国际市场。

这些政策的实施，标志着中国政府开始系统地利用旅游资源，开发旅游市场，以拉动国内经济增长。通过将旅游业纳入国家经济发展的战略计划，旅游业不仅促进了就业和地区经济的繁荣，还加强了文化交流和国际合作，提高了国家的国际形象和软实力。这一时期的政策导向和投资环境的优化，为中国旅游业的飞速发展奠定了坚实的基础。

(三) 初步建立的旅游管理机构和政策框架

为了更有效地管理和指导旅游业的发展，中国政府在20世纪80年代初期着手建立专门的旅游管理机构。1982年，成立了中国国家旅游局，这一重要的组织变革标志着中国旅游业管理体制的正式建立。中国国家旅游局的成立，不仅为旅游业的发展提供了专业的管理和指导，也代表了中国对旅游业重要性认识的一个显著提升。

随着旅游管理机构的设立，相应的政策框架也开始逐步建立。政府制定了一系列旅游业发展的中长期计划，这些计划涵盖了旅游业发展的各个方面，包括基础设施建设、市场开发、质量管理、环境保护和国际合作等。这些计划的制定和实施，为中国旅游业的有序发展提供了明确的方向和强有力的政策支持。

此外，政府还发布了一系列旅游业发展的指导意见和操作规程。这些政策文件对旅游业经营活动进行了详细的规范，明确了旅游市场的管理要求、服务标准和监督机制。通过这些规定，政府希望能够确保旅游服务的质量，提高旅游业的整体竞争力，同时防止和减少旅游市场的不规范行为。

政策框架的建立也涉及旅游业国际化的推动。随着国际旅游市场的开放，中国旅游业开始逐步与国际标准接轨，政府通过各种国际交流和合作项目，加强了与其他国家旅游机构的联系和协作。这不仅提升了中国旅游目的地的国际形象，也为中国旅游业带来了先进的管理经验和技术支持。

这一时期的政策和法规虽然还不够完善，但为中国旅游业的快速发展奠定了基础。通过这些初步的政策和管理机构的建立，旅游业开始从一个边缘性行业转变为国家经济发展中的一个重要部分，逐渐形成了较为完善的旅游服务体系和管理体制。这一阶段的政策调整和机构创新，不仅促进了旅游业的发展，也为后续更深入的政策改革和法规制定打下了坚实的基础。

二、政策与法规的演变

(一) 不同阶段的政策重点与法规调整

随着中国旅游业的快速发展和市场环境的不断变化，政策和法规也经历了多次重要的调整。自20世纪80年代以来，旅游政策的重点逐渐从简单的市场推广和基础设施建设转向更加全面的行业管理和国际合作。

在20世纪80年代，随着旅游业被纳入国家经济发展的重要战略领域，政府主要关注于推广旅游市场和加强旅游基础设施建设，如交通、酒店和旅游景点的建设和改善。这一时期，政府的目的是为吸引更多的国内外游客，快速提升旅游业对经济的直接贡献。

进入20世纪90年代，随着环境问题和可持续发展理念的兴起，政府开始重视旅游业的可持续发展和环境保护。政策调整着重于推动生态旅游和责任旅游的概念，鼓励低碳旅游项目和对生态敏感区的保护措施。这包括限制某些脆弱地区的旅游活动，推广环境友好型旅游设施，以及提高旅游业对自然资源和文化遗产保护的意识。

进入21世纪后，尤其是在加入世界贸易组织（WTO）之后，中国旅游业面临更为激烈的国际竞争。政策重点随之转向提升旅游业的服务质量和国际竞争力。政府加大力度支持旅游业的技术创新，如推动智慧旅游项目，利用大数据和人工智能技术优化旅游管理和客户服务。此外，政策也开始更多地关注国际市场合作与交流，通过签订多边旅游协议，参与国际旅游组织，以及举办国际旅游博览会，来提升中国旅游业的全球影响力。

这些政策和法规的调整，不仅反映了旅游业发展的内外部需求变化，也展示了政府在不同发展阶段对旅游业战略定位的调整。通过这些逐步的转变，中国的旅游业不仅在国内经济中稳固了其重要地位，也在全球旅游市场中越发显现出其竞争力和吸引力。

(二) 关键政策文件和法律的颁布及其影响

1.《中华人民共和国旅游法》的制定和实施

2013年，《中华人民共和国旅游法》的正式实施标志着中国旅游法规体系的一个重大突破。该法律的颁布是对中国旅游法规体系多年逐步完善过程的汇总，它将旅游业的法律框架标准化并与国际接轨，确立了全面而具体的法律指导原则。

旅游法为旅游市场的健康发展提供了坚实的法律保障，通过明确规定旅游经营者和游客的权利与义务，加强了市场秩序。这不仅保障了消费者的权益，也规范了旅游服务提供者的行为，确保他们提供质量可靠、安全合规的服务。此外，法律对旅游经营者在广告宣传、合同执行和服务质量方面设定了明确的法律责任，大幅减少了因信息不对称而导致的消费纠纷。

此法律还特别强化了对旅游安全的管理。通过制定详细的旅游安全标准和应急处理程序，以及增设安全责任保险和事故赔偿机制，显著提升了旅游行业的安全保障能力。这一点对于增强游客的信心，促进旅游业的长期健康发展尤为关键。

同时，旅游法也加强了对旅游市场不正当竞争行为的监管，如虚假广告、价格欺诈等行为都被严格禁止，并制定了严格的处罚措施。这些规定有效地维护了公平的市场竞争环境，促进了旅游业的良性竞争。

在环境保护方面，旅游法提出了旅游活动应遵循的环境保护原则，强调可持续发展的重要性。法律鼓励旅游项目采用环保材料和技术，减少对环境的负面影响，并对破坏环境的行为设定了法律责任。

总体而言，旅游法的实施不仅提升了行业规范，也大幅提高了消费者保护，从而促进了旅游业整体质量和服务水平的提升。通过这些综合措施，该法律确保了中国旅游市场的健康发展，为旅游业的持续繁荣奠定了坚实的基础。

2.《关于释放旅游消费潜力推动旅游业高质量发展的若干措施》

这份文件是《关于释放旅游消费潜力推动旅游业高质量发展的若干措施》的通知，由国务院办公厅于2023年9月27日印发。文件旨在深入实施习近平总书记关于文化和旅游工作的重要论述，通过丰富优质的旅游供给和释放旅游消费潜力，以推动旅游业的高质量发展，并满足人民对美好生活的需求。

这份通知详细阐述了五大核心内容，旨在全面提升旅游业的质量和效益。

首先，文件强调增强优质旅游产品和服务的供应，具体措施包括推动文化与旅游的深度融合，发展体育旅游，促进乡村旅游的高质量发展，以及推广生态和海洋旅游产品，这些举措旨在丰富旅游业态，提升旅游体验。

其次，为激发旅游消费需求，通知提出了改善旅游消费环境、完善消费促进政策、优化景区管理以及发展夜间经济等一系列措施，这些措施的目的是增加旅游吸引力和提升消费者满意度。再进一步，文件特别强调加强入境旅游服务，包括优化签证办理流程和政策、增加与主要客源国家的国际航线，这是为了吸引更多的国际游客，提升国际旅游收入。此外，为了提升旅游行业的综合能力，文件支持旅游企业的发展，加强导游队伍的专业培训和管理，确保服务质量的持续提高。最后，通知还实施了一系列保障措施，包括完善工作协调机制、强化政策支持、拓宽融资渠道，以及加强旅游安全的监管，这些措施旨在为旅游业的持续健康发展提供坚强的政策和安全保障。整体上，这份通知通过多维度的策略和措施，全面推动了旅游业的高质量发展。

3.《文化和旅游标准化工作管理办法》

《文化和旅游标准化工作管理办法》是一份由文化和旅游部制定的文件，旨在规范和推动文化与旅游行业的标准化工作。这份文件包含了关于标准制定、实施、监督和管理的详尽规定，以及相应的机构职责分配。

《文化和旅游标准化工作管理办法》旨在实现多个关键目标。

首先，该文件强调遵循党的二十大精神和国家标准化发展纲要，确保与国家政策和指令的一致性。

其次，通过推动文化和旅游行业的标准化，该办法旨在提升行业服务和产品的质量与安全；最后，它根据《中华人民共和国标准化法》及相关法规，制定了一套具体的管理措施，以确保标准的科学性和适应性，从而促进行业的高质量发展。

《文化和旅游标准化工作管理办法》涉及广泛的标准类型，包括国家标准、行业标准、地方标准、团体标准和企业标准，其中国家标准进一步细分为强制性和推荐性标准。这些标准的制定、实施和监督都受到本办法的规范，以确保文化和旅游行业的各个层面得到全面的标准化管理。

《文化和旅游标准化工作管理办法》在制定标准时遵循四大原则：

首先，确保每项标准都符合国家法律法规和政策，保障法律合规性。

其次，坚持社会主义核心价值观，确保标准符合正确的政治方向和社会价值观；再者，标准应适应行业发展规律，平衡社会、经济和生态效益；最后，制定过程必须公开透明，充分反映和考虑所有利益相关方的诉求。

在《文化和旅游标准化工作管理办法》中，机构职责明确划分：文化和旅游部科技教育司承担标准化工作的主要管理和实施任务；技术委员会提供必要的技术支持，并参与国家及行业标准的起草与审查工作；而地方文化和旅游行政部门则负责管理本地区的标准化活动，确保地方标准的适用性和有效实施。

通过这份文件，文化和旅游部旨在构建一个全面、科学和标准化的管理体系，不仅提升文化和旅游产品和服务的质量，同时也促进行业的有序竞争和健康发展。此外，通过标准化的推广和实施，可以有效地提升行业的国际竞争力，为国内外游客提供更优质的文化和旅游体验。

（三）面临的挑战与政策响应

1. 国内外环境变化对政策调整的影响

旅游业，作为一个高度敏感且易受外部影响的行业，常常面临由国内外环境变化带来的多重挑战。经济波动、政治不稳定、自然灾害等因素均可能对旅游业造成深远影响。例如，全球经济的不确定性可能直接影响到消费者的出游意愿和消费能力，经济衰退期间游客可能会减少不必要的旅游开支，而经济繁荣则可能提升出行频率和旅游消费。同时，国际政治关系的波动也可能影响跨国旅游的流向，如政治紧张可能导致某些目的地的旅游需求下降。

为了有效应对这些不断变化的外部环境对旅游业的影响，中国政府已采取了一系列政策措施，以增强旅游政策的适应性和灵活性。这包括加强旅游市场的监测和预警系统，及时捕捉和响应旅游趋势与市场动态变化，确保可以快速实施必要的政策调整。

此外，政府还通过提供财政补贴、税收优惠等扶持措施，增强了旅游业的抗风险能力，努力维护国内旅游市场的稳定发展。这种政策的灵活调整不仅有助于稳定国内旅游市场，也有助于中国旅游业在全球旅游市场中保持竞争力。

2. 应对旅游市场危机的政策措施

面对 SARS 和 COVID-19 等重大突发公共卫生事件，中国旅游业遭受了前所未有的打击。这些卫生危机严重限制了人员流动，导致旅游需求骤降，许多旅游相关企业面临严峻的经营挑战。为了缓解这些突发事件对旅游市场的影响，中国政府迅速采取了一系列紧急措施和长期策略。

政府的应对策略主要包括三个方面：

首先，为了直接支持受疫情影响的旅游企业，实施了包括财政补贴、税费减免在内的一系列财政刺激措施，这些措施旨在减轻企业的资金压力，帮助它们渡过难关。

其次，政府推出了旅游市场恢复计划，包括增加国内旅游推广、提高旅游服务质量以及优化旅游产品供给，以刺激市场需求和恢复消费者信心。

最后，政府鼓励和支持旅游企业采用线上服务模式，如虚拟旅游、在线旅游指南等创新业务，这不仅满足了疫情防控期间消费者的需求，也促进了旅游业的数字化转型。

这些政策的实施有效缓解了旅游行业的短期困境，并为行业的长期发展提供了新的增长点。随着疫情的逐步控制和旅游市场的恢复，这些措施也预期将加速旅游业的复苏，推动其向更加灵活和可持续的方向发展。

3. 可持续旅游和绿色旅游政策的推进

随着全球环保意识的日益增强，可持续旅游和绿色旅游已逐渐成为国际旅游业发展的主要趋势。中国政府对此高度重视，积极推动一系列绿色旅游政策，旨在促进旅游业的可持续发展，减少环境影响，同时保护和珍视旅游目的地的自然和文化遗产。

这些政策主要包括几个方面：

首先，推广生态旅游项目，如自然保护区、国家公园的生态体验活动，这些项目不仅能提供游客与自然亲密接触的机会，还能使游客直接参与到环境保护的实际行动中。

其次，政府提高了环保标准，制定了一系列环保法规和标准，要求旅游业遵循低碳运营的原则，减少资源和能源的消耗。此外，政府支持旅游企业通过现代化的环保技术和方法实现绿色转型，比如使用可再生能源、废物回收利用以及水资源的节约和保护。

政府还注重通过教育和宣传活动提升公众的环保意识。这包括在学校、社区和媒体上进行环保教育，以及在旅游高峰期间开展专题宣传活动，教育游客如何进行环保旅游、减少对环境的影响。同时，通过认证程序确保旅游企业和景区遵循绿色操作规范，如获得生态旅游或绿色旅游认证的景区和服务提供者将被优先推荐给游客。

这些全方位的政策和措施，不仅提升了中国旅游业的可持续性，还增强了目的地的吸引力和竞争力。通过实施这些绿色政策，中国旅游业正逐步转型为全球环保旅游的典范，为全球旅游业的绿色发展树立了标杆。

总的来说，面对国内外环境的不断变化及其带来的挑战，中国的旅游政策展现出了强大的适应性和前瞻性。政府通过及时调整政策，不仅有效应对了市场危机，还推动了旅游业向更加可持续和环保的方向发展。这些政策的实施有助于保护旅游资源，同时也确保旅游业能在未来的发展中持续繁荣。

三、特殊主题政策的发展

（一）文化遗产旅游的政策支持

文化遗产旅游作为中国旅游业的重要组成部分，不仅展示了丰富多彩的历史和文化，也成为吸引国内外游客的重要亮点。为了更好地保护和利用这些无价的文化资源，中国政府制定并实施了一系列支持政策，旨在维护这些珍贵遗产的原貌和价值。

首先，政府的支持政策涵盖了对古迹和历史建筑的保护与修复工作，确保这些文化遗产得以正确保存和传承。例如，对于重点文化遗产如故宫、长城等，政府不仅加大了修复资金的投入，还引入了现代科技手段进行结构加固和环境监控。同时，政府还推动了一系列措施来推广文化遗产的知识，通过教育和宣传活动提升公众对这些历史文化价值的认识和尊重。

除了保护工作，政府还鼓励地方政府和企业开发与文化遗产相关的旅游产品和服务。这包括建立特定的文化遗产保护区，提供导览服务，以及开展以文化遗产为主题的文化体验活动，如传统工艺体验、历史重现演出等。为了支持这些活动，政府不仅提供资金支持，还提供技术指导，帮助地方政府和企业在不破坏文化遗产原貌的前提下，开发符合可持续发展的旅游产品。

此外，中国政府还积极与国际组织合作，引入国际的经验和资金来加强文化遗产的保护和旅游开发工作。通过这些国际合作，中国的文化遗产保护和旅游开发活动不仅更加规范和有效，也提升了国际社会对中国文化遗产保护工作的认可和支持。

综上所述，通过这些综合性政策的实施，中国不仅成功地保护了其丰富的文化遗产，还促进了文化遗产旅游的持续发展，为未来的代代相传奠定了坚实基础。这些政策的有效执行，不仅保护了文化遗产，还增强了公众的文化自觉，提升了国家的文化软实力。

(二) 乡村旅游与扶贫旅游政策

乡村旅游和扶贫旅游政策是中国政府为应对农村贫困和促进农村可持续发展所采取的一系列创新措施。这些政策的核心目标是通过发展乡村旅游，激活农村经济，提升农民生活水平，并促进农业向现代服务业的转型。

政府对乡村旅游业的扶持主要表现在几个方面：

首先，政府提供财政补贴和税收减免，减轻农民开展旅游业务的经济负担，增强他们的创业意愿。

其次，通过提供技术培训和市场推广支持，帮助农民掌握旅游服务所需的关键技能，如家庭旅馆经营、农家乐服务、地方文化和手工艺品展示等，从而提升旅游产品和服务的质量和吸引力。

此外，政府还着重于改善和建设农村基础设施，包括交通道路、卫生设施、水电供应和信息服务等，这些基础设施的改善为乡村旅游提供了必要的物质基础，也使得旅游活动更加便利和安全。这种基础设施的完善，不仅直接促进了旅游业的发展，也极大改善了农村居民的生活质量。

扶贫旅游政策通过引入旅游业作为农村经济发展的新动力，有效地帮助农民增收和脱贫。同时，这种旅游形式还为城市居民提供了独特的旅游体验，使他们能够远离城市的喧嚣，亲近自然，体验淳朴的乡村生活，享受心灵上的宁静与放松。

总之，乡村旅游和扶贫旅游政策不仅是对农村经济发展的一种创新推动，也是城乡发展一体化战略的重要组成部分，这些政策的实施有效地促进了城乡之间的经济和文化交流，增强了农村地区的吸引力和竞争力，为中国的农村复兴战略贡献了积极力量。

(三) 智慧旅游和数字化转型的政策推动

随着信息技术的飞速发展，智慧旅游已经成为推动旅游业现代化进程中的关键方向之一。政府对智慧旅游的大力推广体现了对提升整个旅游行业服务效率和游客体验的重视。在这一大背景下，政府特别强调旅游业的数字化转型，积极支持旅游企业和服务提供者采纳和应用新兴的信息技术。

智慧旅游政策的核心在于支持企业开发和使用各种智能化服务工具。这些工具包括智能导航系统，电子支付解决方案，实时交通信息服务和在线预订平台等，极大地提高了游客的出行便利性和旅游体验。例如，智能导航系统可以提供实时的路线规划服务，帮助游客高效地探索旅游目的地；电子支付系统简化了支付流程，加强了交易的安全性。

除了直接服务于游客的技术应用，政府还鼓励利用大数据、云计算和人工智能等先进技术来优化旅游管理和市场分析。通过这些技术，政府和企业能够获得有关游客行为和偏好的深入洞见，从而更精准地制定市场策略和提供个性化服务。大数据分析帮助识别旅游需求的趋势和模式，而云计算提供了必要的技术支持，使得大规模数据处理变得可能，人工智能的应用则进一步优化了客户服务和运营效率。

通过这些先进技术的应用，旅游业不仅能够提供更加个性化、便捷和安全的服务，还能帮助政府更有效地监管市场，提高公共服务的质量。智慧旅游的实施有助于构建一个更加开放和互联的旅游生态系统，使得旅游体验更加无缝和愉悦，同时也推动了旅游业的持续健康发展。

这些特殊主题政策的发展不仅反映了中国旅游业的多样化和专业化趋势，也显示了政府在促进经济社会发展、文化保护和科技应用方面的战略思维。通过这些政策的实施，旅游业正在成为推动社会经济发展、文化传承和科技进步的重要力量。

第二节　旅游政策与法规的实施效果评估

总体上看，旅游政策与法规的实施对中国的旅游业有巨大的带动作用，对于激活居民的消费具有十分积极的意义。但是如果从全国的范围内分析这些影响，可以说一言难以尽之。本书从一县的红色旅游政策实施效果分析，希望能够窥一斑而知全豹了解全国旅游政策法规的实施效果。

一、红色旅游政策的出台背景

政策的实施通常与政治环境密切相关，尤其是在红色旅游的发展中，政府的角色显得尤为关键。为了规范市场行为，政府不断采取发展措施，以确保红色旅游政策的有效实施。

革命老区，作为中国共产党早期活动的重要据点及新中国的诞生地，对于中国特色社会主义的建立与发展发挥了不可替代的作用。这些区域历史上为抗日战争和解放战争作出了巨大牺牲，是中国革命的火种之地。然而，自1978年改革开放以来，这些区域由于自然条件限制、历史遗留问题及地理位置的边远，发展一直较为缓慢，面临的主要挑战包括基础设施落后、经济结构单一、人才短缺和生态环境脆弱等问题。

为了改变这一状况，自2012年起，国务院针对性地推出了一系列支持政策，旨在加速革命老区的经济发展和社会进步。这些政策包括对人才的引进与培养、基础设施建设的加强、生态环境保护与修复项目，以及提高当地居民的生活水平和经济条件。特别是在人才支持计划方面，政府鼓励高教育水平人才到老区工作和服务，通过科技和知识转移，促进当地产业升级和经济多元化。

近年来，国务院与文化和旅游部联合发布的新政策文件进一步明确了支持革命老区振兴发展的新目标，特别强调了红色旅游的开发与推广。红色旅游作为一种特殊的文化旅游形式，不仅能够帮助保护和利用革命文化遗产，还能有效地提升当地经济，为居民创造就业机会。通过发展红色旅游，既能够让更多的人了解中国的革命历史，又能激发民族的自豪感和爱国主义情怀，同时推动社会主义核心价值观的传播。

（二）各级部门对红色资源保护利用的重视

在当前的重要历史交汇期，红色旅游发展正蓬勃进行。2019年，中央全面深化改革委员会审议通过《长城、大运河、长征国家文化公园建设方案》，强调协调推进沿线文物和文化资源的保护与利用。国家层面的政策也在加强对红色旅游和教育的支持，尤其注重青少年的爱国主义教育，预计在"十四五"期间，红色旅游将成为重点推动的旅游形式。

省级层面上，例如省政府在其发展规划中提出要探索红色旅游的新模式，推动长征国家文化公园等项目建设，以此促进红色旅游和乡村旅游的发展。部分兄弟省市则计划在"十四五"期间推出新的红色旅游线路，按照文旅融合的发展思路，助力旅游产业的高质量发展。

县级层面，如X县提出要深挖红色旅游的文化内涵，优化资源配置，并加快基础设施和接待能力的建设，力求将X县打造成为红色旅游的精品目的地，构建完整的旅游产业发展布局。这些多层次的政策和措施共同推动了红色资源的保护与高效利用，确保了红色旅游政策的有效实施和市场的健康发展。

二、红色旅游的发展阶段与主要政策

（一）红色旅游政策发展的不同阶段

自《全国红色旅游发展规划纲要》发布以来，中国政府积极推动红色旅游发展，从提高公众对红色旅游的认识开始，实施了多项政策以强化未成年人的思想道德建设并加强红色文化教育。2005年，国家发展改革委通过补助资金和发行国债加强红色旅游景区的基础设施建设，并持续资助革命文物保护单位。此外，政府通过减免红色旅游景点门票价格和实施博物馆、纪念馆免费开放政策来加强对红色旅游的支持。

2011年至2015年期间，政府通过财政政策继续加大对红色旅游的投资，特别是在重要节日和纪念日弘扬红色文化精神，促进红色旅游的稳步发展。与此同时，红色旅游的政策支持扩展至促进地方经济发展，与俄罗斯的红色旅游活动合作也开启了红色旅游国际市场的新征程。

2016年至2020年，红色旅游进入全面发展阶段。国家通过加强红色教育培训、扩大资金支持，促进智慧旅游和红色旅游国际合作，不断增强红色旅游的经济文化价值。红色文化作为弘扬社会主义核心价值观的重要力量，为政府脱贫攻坚和社会经济发展提供了重要支持。

红色旅游的三期发展已取得显著成效，政府将红色旅游发展作为保护和宣传革命历史文化遗产、推动地方经济的重要手段，同时通过红色旅游相关基础设施的完善，为革命老区的综合发展奠定了坚实基础。

（二）X县红色旅游政策类型

1. 规划性政策

为了最大化X县的区位和资源优势，推动红色旅游发展，X县自2005年以来，根据国家和省市的发展趋势，采取了一系列策略和规划，如《X县红色旅游发展规划（2011年）》和多期旅游产业发展规划。这些规划确定了红色旅游的发展方向和布局，确保了高标准的规划和实施。

随着红色旅游政策的实施，X县陆续推出了多个行动计划和实施意见，如《X县旅游产业发展三年行动计划（2017—2019年）》，以适应新形势下红色旅游的发展趋势，并加强与多部门的协调合作，完善基础设施建设，进一步促进红色旅游的发展。

党的十九大后，随着国家乡村振兴战略的实施和X县脱贫攻坚的成果，X县的红色旅游资源优势更加明显。红色旅游已成为旅游、教育和党史研究的重要形式。X县制定了《X县乡村振兴战略规划（2018—2022年）》等政策，明确红色旅游在乡村振兴中的重要角色，为红色旅游与乡村振兴的协调发展提供了理论和政策支持。这些规划性政策为红色旅游的长远发展提供了明确的目标和方向，确保了红色文化资源的合理利用和有效保护。

2. 实施性政策

（1）产业性政策

红色旅游政策的实施涵盖了产业性政策、财政政策、投资政策、人才政策以及基础设施建设等多方面，由X县的多个部门按职能负责具体执行。在产业政策方面，X

县县委和县政府主导红色旅游发展，各相关部门协同制定了《X县推动旅游产业振兴专项工作方案》及其他支持性政策，确保政策有效落地。

具体措施包括利用红色旅游资源协调乡村振兴，全力推进柯渡红色旅游小镇项目，如对柯渡红军纪念馆景区进行升级改造，并新建设施如干部培训学院。此外，通过整合柯渡大叠水等自然资源，打造集红色教育和休闲养生于一体的旅游小镇。同时，依托六甲之战纪念塔等红色景点，建设省级、市级爱国主义教育基地，强化其教育功能，并推进鲁口哨村等红色旅游示范村的建设，创设"红色精品"旅游线路。

（2）财政政策

在财政政策方面，X县通过整合财税资源来支持红色旅游产业的发展。根据《X县红色旅游发展总体规划》，县政府设立并逐步增加红色旅游产业发展的专项资金，以提高这些资金的使用效果。X县每年根据需要设立旅游发展专项资金，例如2021年，县政府拨付了100万元用于旅游推广、招商引资、发展规划、人才培训和节庆活动的举办。

此外，X县根据各红色旅游点的具体需求进行针对性的财政投入。2010年，为了提高"六甲之战"纪念塔的可访问性，县政府筹集了200万元资金将该遗址迁移到交通更便利的石腊坨。2016年，省扶贫办批准实施鲁口哨革命老区红色幸福家园示范区项目，提供了1000万元的建设专项资金。2019年8月，文化和旅游局等部门筹措了100多万元资金在丹桂村增强红色文化氛围。从2015年到2021年，X县还积极争取省市资金，建设了40余座AA和AAA级旅游厕所，以提升旅游设施的标准。

（3）投资政策

投资政策是红色旅游发展的关键环节，提供直接支持和服务以助力红色旅游景区的发展。X县通过建立投资服务体系，放宽融资审批和行业准入标准，扩大民营资本投资领域。此外，鼓励红色旅游企业和乡村旅游经营户通过互助联保方式实现小额融资，并推动基础设施和公共事业的市场化改革，吸引更多社会资本投资于公共设施建设。

2008年，X县人民政府与某集团签订了旅游服务协议以开发红色旅游资源。但由于多种原因，项目开发未能有序进行，导致项目停滞，资源浪费。为解决这一问题，促进红色旅游经济发展，并将红色旅游经济培育成促进脱贫攻坚的新引擎，X县政府决定回购丹桂红军村项目资产。2018年3月，某集团在X县政府举行了项目捐赠签约仪式，随后由县文体广电和旅游局与企业签订了资产移交和解除合同协议。接下来，城乡文化旅游投资公司与红军长征柯渡纪念馆签订合作协议，共同开发丹桂村的红色资源。

（4）人才政策

人才是推动经济社会发展的关键资源。X县秉承党管人才的原则，已制定一系列人才政策，以进一步促进经济社会发展。这些政策包括《X县高层次人才认定办法》和《X县人才柔性引进暂行办法》等，旨在深化人才发展体制改革，推进人才队伍建设，并为红色旅游发展、脱贫攻坚和乡村振兴等重大项目提供人力支持。

此外，X县特别强化了红色旅游人才培养，通过建立培训平台、组织专题培训和考察学习等方式，加强旅游管理人员和乡村传统技能人才的培养。县政府每年制定旅游人才培训计划，并通过兄弟行业联合培训及与社会培训机构的合作，创新人才培养机制。

X县还探索成立了旅游发展智慧库，鼓励行政部门、旅游企业及专业人才加入，建立长期合作模式，为旅游业的特色化发展提供策略和指导。同时，聘请外部专家加入智库，为红色旅游的发展提供强大的智力支持。这些措施共同加强了X县在人才政策方面的全面布局和实施。

3. 监管性政策

监管性政策在红色旅游领域扮演着提升市场运营理念和规范经营行为的关键角色。X县政府对红色旅游的实施主体实行严格监管，通过督办办公室加强跟踪问效，确保相关部门实行全程跟踪服务，明确责任分配。此外，县政府对工程质量、施工安全、资金使用和项目进度等方面进行严格考核，对未达标的单位和个人进行限期整改，必要时进行通报批评和问责。

在红色旅游业业主的监管方面，X县制定了一系列政策和方案，如《关于贯彻落实游客购物退货工作机制的实施方案》和《X县旅游市场秩序整治工作实施方案》等，旨在通过社会共治的模式，建立多部门参与的联动机制。县市场监管局作为主体，协同旅游、公安、卫生和宣传等部门，根据各自职责共同履行旅游监管责任，维护市场秩序。

这些监管性政策在市场经济体系中发挥关键作用，引导、监督并规范红色旅游市场的运行，确保市场环境的安全与有序。通过政府各部门的协同合作，X县形成了规划性政策、实施性政策和监管性政策的协同体系，推动政策系统从无序向有序转变，为红色旅游的持续发展提供了坚实的政策支持。

三、 X县红色旅游政策实施效果分析

（一）政策实施带动红色旅游产业发展

红色旅游发展在X县已取得显著成果。通过深入挖掘和利用红色文化，十多年来，该县在旅游景区数量、文创产品开发和经济贡献等方面均有显著进展。特别是一

些关键的红色旅游景区,如红军长征柯渡纪念馆,已成为重要的旅游和教育基地。

基础设施的提升是评价红色旅游政策成效的重要标准之一。X县依托红色旅游资源,积极争取资金支持,推动红色文化旅游项目建设,并逐步完善旅游基础设施。例如,柯渡红色小镇的规划和建设,包括配套的云上乡愁书院和新时代文明实践中心,为游客提供了丰富的学习和休闲体验。此外,鲁口哨4.29渡江令发布地的保护和开发项目也在不断推进,相关基础设施如道路硬化和环境美化得到了改善。

红色旅游产品的丰富也是政策成效的体现之一。X县通过创新开发与红色文化相关的文创产品,如柯渡子弹头保温杯和马克杯,这些产品不仅融入了当地的红色元素,还成为传承红色精神的载体,深受游客喜爱。

总体来看,红色旅游的发展已与X县的经济社会发展形成互补,有效地支持了脱贫攻坚和乡村振兴的战略,确保红色旅游政策取得了实际成效。

(二)发展红色旅游助力脱贫攻坚

红色旅游对X县脱贫攻坚工作提供了重要支持。作为一个国家级贫困县和典型革命老区,X县深度挖掘红色文化精神,将红军长征的奋斗精神转化为扶贫的动力。红色文化资源不仅成为助力脱贫的宝贵资产,还通过一系列政策支持和项目推动,发挥了显著作用。

X县通过《X县旅游产业助推脱贫攻坚实施意见》等规范性文件,为红色旅游扶贫提供科学指导,着重在提升红色旅游地品牌和教育功能。改造提升了红军长征柯渡纪念馆等重要景点,通过项目建设不仅提升了地区基础设施,同时为当地贫困户提供了就业机会,带动了家庭旅馆和农家乐的发展。此外,X县还与媒体合作,推广"红色文化教育精品线路",并通过电商平台和线上直播带货,扩大当地土特产品销售,有效增加了群众收入。

这些措施的实施,使得X县成为云南省旅游扶贫示范县,同时,柯渡镇和七星镇成为示范镇,丹桂村和腊味村成为示范村,展示了红色旅游在脱贫攻坚中的积极作用和实际成效。

(三)红色旅游政策实施促进红色基因传承

政府政策干预在确保红色革命文化传承中扮演着关键角色,尤其在X县,这种精神遗产的继承和弘扬对于社会经济发展尤为重要。通过红色旅游的发展,该县不仅保护了革命文物,而且利用这些资源开展革命传统教育。

X县深入挖掘和普查红军长征及解放军在本县的历史遗迹,编撰了《X县革命史迹》。这些活动有助于提升当地居民的民族团结和创业意志，同时推动旅游经济和社会进步，为边远革命老区注入新的发展动力。

X 县依托丰富的红色文化资源，举办了一系列纪念活动和主题教育，如"红军长征过 X 县 80 周年"等，以及多部纪录片的拍摄，如《震撼世界的长征》等，通过这些活动弘扬正能量并扩大了红色旅游的影响力。

X 县利用红色资源开展了不忘初心、牢记使命主题教育，推行"九个一"系列红色旅游项目，如穿红军服、重走长征路等，这些活动增强了游客的参与感并深化了对红色精神的理解。

X 县各部门协同推动红色旅游政策实施，搜集整理红军长征期间的事迹，通过红色教学小品和现场教育活动，让公众亲身体验和了解革命历史。此外，各乡镇组织新老党员在重要纪念日到革命旧址集体宣誓，强化党性教育。

这些措施的实施，不仅有助于提高群众的文化自信，还通过红色旅游促进了 X 县的经济和社会发展，使红色文化成为教育新党员和青少年的重要资源，增强了政治教育的实效性。

（四）依托政策环境引进专业人才

政府的政策干预对于继承和发扬红色革命文化至关重要，特别是在 X 县，这种文化是极其珍贵的精神遗产。通过发展红色旅游，这些文化价值得以作为革命传统教育的重要素材得到广泛传播。

1. 红色旅游从业者增加

随着政策的不断更新和实施，X 县通过一系列措施加强对红色历史文化遗址的保护和管理。2019 年，该县对红军长征柯渡纪念馆的功能进行了扩展，增加了红色旅游接待服务中心的职责，并提升了机构的等级，同时在其他重要红色遗址也增设了管理和接待职责，有效地促进了红色旅游人才的汇聚和专业化发展。

2. 建立红色旅游发展智库

为了加强智力支持和人才支撑，X 县与多所高校合作，引进了多名在规划、建筑、环境、文化和旅游研究领域具有影响力的专家，以充实和推进红色旅游的发展。这些专家的参与为 X 县的经济社会发展提供了宝贵的智力资源。

3. 政府构建的人才体系显成效

政府通过实施一系列高层次人才政策，为人才提供了全面的支持，从子女教育到住房和配偶就业等方面都给予了大力支持。此外，X 县通过设立文化旅游投资公司和各类培训平台,加强了人才队伍的建设,推动了特色产业园区的发展,并建立了"人才之家"和"园区人才服务中心",为人才提供了全方位的服务。

通过这些措施,红色旅游政策不仅促进了从业者的增加,而且通过智库的建设和人才体系的完善,为 X 县的红色旅游发展提供了坚实的智力支持和人才保障,形成了有效的党建引领人才体系,不断推动社会经济的全面发展。

四、X 县红色旅游政策实施存在的问题及原因

在政策制定和实施过程中,不科学的政策制定、资源现状的不匹配以及政策之间的相互冲突等问题可能导致政策未达到预期效果。总体来看,X 县的红色旅游政策在过去十多年中经历了不断的演变,已在红色旅游的发展和红色文物的保护方面取得了一定的成效。然而,政策的具体执行过程中仍面临一些挑战,包括政策的缺陷、执行的不一致性以及执行环境的阻碍等,这些都是需要进一步解决的问题。

(一) X 县红色旅游政策实施中存在的问题

公共政策的有效实施依赖于整个执行过程的合理性。在 X 县,由于受实施主体和环境的影响,红色旅游政策在执行过程中有时会偏离其初原目标。在 X 县,县级部门不仅参与政策的制定,还负责政策的执行,而各乡镇(街道)则是这些政策的实际执行场所。因此,红色旅游政策在制定和执行过程中仍面临一些挑战和问题,需要进一步地审视和解决。

1. 政策自身存在缺陷

在 X 县,公共政策的有效实施至关重要,特别是红色旅游政策,其执行质量直接影响到红色文化的传承和旅游业的发展。然而,由于策划不足、资源配置不当和政策间的冲突,这些政策有时未能实现预期目标。

(1) 政策整合能力不足

红色旅游政策的实施涉及多个部门,包括文化和旅游局、发展和改革局、农业农村局、财政局等,但由于缺乏有效的沟通和协调,各部门往往孤立行动,导致政策体系混乱。例如,在柯渡镇和先锋镇等地,红色旅游资源的开发缺乏统一规划和整合,不同乡镇之间缺乏协作,使得资源利用和旅游发展效率低下。此外,由于管理职责不明确,各方面权责混淆,红色旅游地的管理和运营也面临困难。

(2) 政策缺乏连续性

政策的连续性是实现长期目标的关键。在 X 县,政策在制定和更新过程中出现间断,导致与上级政策脱节,尤其是在机构改革后,旅游局与文化体育局合并,使得旅游政策与旧区发展计划之间出现断层。此外,乡镇层面缺乏具体针对红色旅游的政策,

这进一步削弱了政策的有效性和实施的连贯性。

(3) 政策存在空白

在红色文物的保护和修缮方面，政策支持几乎是一个空白区域。尽管 X 县拥有众多的国家级和省级重点文物，但由于缺乏专项资金、专业人员和高级别的规划，这些文物未能得到有效的保护和合理的开发。此外，基层机关在政策制定和执行中往往缺乏主动性和高瞻远瞩的思维，导致保护工作力度不足，保护措施不到位。

总结来看，X 县在红色旅游政策的实施中面临着一系列挑战，包括政策整合不足、缺乏连续性以及政策空白等问题，这些都需要通过增强部门间的沟通、保持政策的连续更新以及补充政策空白来解决。

2. 政策理解和执行不一致

红色旅游政策的执行不仅依赖于政府各部门的互补和支持，还需各部门相互监督。X 县的红色旅游政策在执行过程中展现了部门之间的合作和监督，但仍存在一些实施上的问题。

(1) 政策执行泛化问题

在 X 县红色旅游政策的实施中，基层工作人员经常采取被动应对的态度，导致政策执行过程形式化。有的乡镇为了规避责任，将任务下放后便不再关心结果；有的为了显示成效，过度强调政策的执行力度，导致政策难以落地；还有的地方随意更改政策的具体内容，如将应该用于提升从业者能力的培训转变为福利性质，偏离了原本的政策目标。这些问题反映了在政策执行中缺乏对政策目标的适应性和灵活性。

(2) 对政策的认识不到位

在 X 县的发展中，作为"生态涵养区"的定位要求该县在脱贫攻坚与乡村振兴的衔接阶段必须发展第三产业，特别是红色旅游。然而，部分单位对红色旅游政策的重要性认识不足。例如，公安局在打击旅游市场违法行为上履职不到位；市场监督管理局在处理旅游市场违规行为上力度不足；网信行业在管理网络旅游广告和信息安全上存在疏漏。此外，旅游市场监管的综合调度指挥部在成员单位间的工作协调上也存在问题，影响了红色旅游政策的有效实施。

这些问题说明，尽管 X 县已经建立了红色旅游政策框架，但在政策的具体执行和监督上还需要进一步地整合和加强，以确保政策能够有效地推动红色旅游的发展。

3. 政策实施环境复杂性

在 X 县红色旅游政策的实施过程中，由于发展布局的不合理和城乡发展的不均衡，管理和运营中存在交叉和盲区，服务群体和空间上出现了割裂。

（1）旅游市场监管不到位

在市场经济中，企业以盈利为目的。在 X 县，红色旅游政策实施中出现了多个问题：如客运市场管理不规范，非法运营行为突出；酒店、宾馆、餐饮和娱乐场所存在证照不全、价格欺诈等问题；购物市场中出现了价格欺诈、制假售假等违法行为。此外，由于政府优惠政策的吸引，一些大企业在压制本地小商家以追求最大化利益，影响了红色旅游政策的有效实施。

（2）村民参与动力不足

X 县作为一个典型的革命老区，其红色旅游政策的成功实施需要村民的积极参与。然而，由于教育水平普遍较低，加上人口外流严重，留下的多为老人和儿童，这导致村民对红色旅游资源开发的参与积极性不高。村民小组长的文化程度和管理能力通常不足，这对红色旅游资源的有效管理和开发构成了障碍。

（3）外部环境的阻碍

公共政策的制定和实施受到外部环境的影响。在 X 县，红色旅游产品多集中在静态展示，缺乏动态解读和多样化内容，导致旅游景点严重同质化，难以形成独特的旅游吸引力。人才方面，尽管建立了专家库，但专业人才比例仍然偏低。此外，多数红色旅游资源位于山区，由于资金不足，基础设施建设和公共服务供给不足，这些都限制了红色旅游的发展。基层党组织干部的文化水平和思维方式也未能有效适应现代旅游发展的需求，导致对上级政策的理解和执行不到位。

这些问题表明，X 县在实施红色旅游政策时需要更全面地考虑实施环境和本地条件，以确保政策能够有效地促进旅游和地方发展。

（二）X 县红色旅游政策存在问题的原因分析

影响政策实施效果的因素复杂，不仅包括政策自身的设计和结构，还涉及外部环境的各种影响。在 X 县红色旅游政策的制定过程中，存在几个关键问题：部分部门在政策制定前的调研不够深入，导致政策设计与地区的实际发展需求脱节；此外，不同部门对政策的理解和认识存在差异，加上政策执行环境的限制，这些因素共同作用使得政策实施未能达到预期的效果。

1. 政策本身的因素

X 县红色旅游政策的实施未能达到预期效果，主要原因是政策本身的不足和实施过程中的困难。

（1）政策协调不足

在政策制定过程中，需要各部门如文旅、农业、交通、自然资源、市场、公安、发改、财税等部门及各乡镇的协调和支持。然而，在"十三五"期间，由于各部门主要聚焦于脱贫攻坚，红色旅游的联动发展初步且成效不显著。在土地利用规划、新型城镇化规划、生态环境保护及相关产业规划发展等方面的协调与整合程度不高，导致监管性政策存在盲区。

（2）政策目标设定问题

政策中虽然提出了发展规划和布局的建设目标，但这些目标通常由乡镇牵头，部分乡镇为了政绩考虑，过于追求符合政治口号，而脱离了县域的实际发展条件。这些目标难以在短时间内实现，且缺乏明确的工作职责，不考虑实际情况，缺少专业人员和必要的基础设施，这些因素共同影响了政策的执行效果。

（3）政策连续性不足

由于机构改革等因素，X县红色旅游政策在一定时期内存在制定和实施的空缺，这影响了资源的有效开发和企业的投入运营。新政策出台后，缺乏与旧政策的连贯性，这对政策的有效实施形成了阻碍。

总结来看，X县的红色旅游政策在多个方面需要进一步地优化和调整，以确保能够有效地支持红色旅游业的发展并实现预定的政策目标。

2. 政策执行机构协调不够

在X县红色旅游政策的执行中，存在机构协调不足的问题。每项政策的制定和实施都由相应的县级部门负责，而在政策下达到乡镇（街道）时，通常由当地党委（党工委）按照惯例分配给分管领导执行。然而，随着乡镇人员的变动，政策执行可能会中断甚至停止。

基层单位是政策治理的最终执行者，无论是项目的落实还是环境的提升，都依赖乡镇的实际操作。上级在政策制定过程中偶尔会出现政策不一致，导致资源浪费和效率低下。此外，部分单位为了在年终评估中取得好成绩，可能会夸大政策的实际效果，导致政策仅停留在纸面上，或只在会议讨论中出现，而未能真正深入到基层，服务于民众。

县级部门在制定政策时未能实现跨部门的整合，导致多个部门之间权责不清、职能冲突。在政策的制定和实施过程中，各部门推诿扯皮，未能形成有效的政策执行合力。这种局面使得政策执行人员在推进工作时缺乏主动性，有时甚至出现敷衍态度，最终导致政策未能实现预期的效果。

3. 政策实施环境需优化

影响政策执行效果的因素众多，除了政策本身和体制机制之外，执行环境的影响也至关重要。在 X 县红色旅游政策的执行中，尤其受到执行环境的制约。昆明市作为新晋升的新一线城市和云南省的省会，资源大多集中在主城区。相比之下，作为昆明市条件较为艰苦的县区之一，X 县在教育、医疗、卫生等公共服务的供给上不足，这限制了广大干部群众的视野和发展潜力。

随着城市化进程的加速，农村人口大量迁往城市，导致村庄中出现了众多空巢老人和留守儿童，这些社会变迁加剧了红色旅游政策的实施难度。在人才环境方面，X 县难以吸引高层次人才，现有的旅游业从业人员业务水平参差不齐。此外，机关工作人员严重不足，干部老龄化，旅游市场开发相关人才缺乏。乡镇（街道）的文化综合服务中心也面临管理体制不畅和人员不足的问题，工作人员经常身兼数职，存在人员借用和挪用现象，这在一定程度上影响了红色旅游工作的正常进行，增加了政策执行的难度。

在红色旅游市场方面，缺乏对市场的有效考核和评估，政策的激励性和约束性措施不足，对红色旅游主体和经营者的监管不力，导致部分红色旅游项目存在虚假投资，造成资源浪费，影响政策实施的效果。

X 县红色旅游政策的实施效果受政策本身、体制机制和环境三个方面的显著影响。为确保政策有效落实，必须不断识别存在的问题并进行优化调整。

第三节 旅游政策与法规体系的完善方向

现代社会的发展离不开政策的指导，红色旅游的持续、健康和有序发展同样依赖于有效的政策支持。在 X 县，红色旅游政策的实施关注于挖掘和传承该地区作为"红军长征重大转折地"的历史文化价值。政策规划旨在完善体制机制，优化执行环境，保留和弘扬长征精神及文化基因，增强对中华文化的认同。此外，X 县的红色旅游政策还着力于将红色历史文化与回族、彝族、苗族等少数民族文化融合，挖掘这些文化的优势资源，促进民族团结。政策支持红色旅游依托生态环境和特色产业资源，寻找红色旅游与乡村振兴的有效结合点，以此激发红色旅游的带动作用，推动地区发展。

一、进一步完善政策规划体系

红色旅游的可持续发展依赖于精心的规划和清晰的发展目标。在 X 县，红色旅游政策的制定和执行应基于对当前发展现状的深入了解，并应从以下几个方面进行优化：

（一）红色旅游融入乡村振兴战略

X县应将红色旅游纳入乡村振兴的全面规划，实现与地方发展核心目标和总体要求的深度融合。这一策略的制定需要明确红色旅游的具体发展方向，如何通过红色旅游活化历史记忆，增强文化自觉，以及促进经济增长。

1. 政策制定中的部门协调

在政策制定过程中，各相关部门如文化、旅游、财政、土地和规划等部门需要加强沟通与协调，共同出台综合性政策，以支持红色旅游与乡村振兴的有效结合。通过打破信息孤岛，实现资源共享和政策互补，可以更高效地利用现有资源，发挥最大的政策效能。

2. 促进产业和金融政策的整合

红色旅游的发展不仅需要文化和旅游部门的支持，还需要金融和土地政策的配合。通过设立专项资金、提供财税优惠等措施，可以激励企业和社会资本投资红色旅游项目，推动旅游业与农业、制造业、服务业等其他产业的联动发展。

3. 鼓励社会各界参与

社会各界的参与是红色旅游成功的关键。政策应鼓励社会力量，包括非政府组织、民间团体、企业及普通民众积极参与到红色旅游的项目开发和日常管理中。这种广泛参与可以增强项目的社会影响力和经济回报，同时也有助于文化的传承和创新。

4. 建立严格的投资准入标准

为避免红色旅游资源的过度商业化和不当开发，应建立严格的准入标准和监管机制。确保所有投资活动都符合文化保护和环境保护的标准，避免因商业开发对历史文化遗址造成损害。此外，合理的规划和管理能够保证红色旅游活动的可持续性，符合乡村振兴的长远目标。

（二）加强配套政策设计

为了全面推进X县的红色旅游和乡村振兴，必须设计和实施一系列相互支持的配套政策。这些政策应当覆盖从公共服务到具体支持方案的各个方面，形成一个协同增效的政策网络。

1. 设定具体发展目标

X县应明确红色旅游的发展目标，分为短期、中期和长期。短期目标包括建立与完善红色旅游的基础设施和服务体系。中期目标可聚焦于建立长征国家文化公园和发展红色旅游教育基地，以教育和传承红色文化为核心。长期目标则是将 X 县建设成为具有全国影响力的红色旅游示范区，推动旅游业与地方经济的深度融合。

2. 财政和税收政策支持

X 县应主动争取中央和省级的资金支持与优惠政策，特别是在税收减免和资金补贴方面，以降低企业运营成本和鼓励更多投资进入红色旅游和相关创意项目。此外，政府应设立红色旅游产业发展专项资金和投资引导基金，通过提供种子资金、风险投资等方式，促进资本市场对红色旅游项目的关注和投资。

3. 土地政策的创新与实施

在土地政策方面，X 县需要加快农村土地的确权和流转进程，探索土地入股、合作社等新型合作机制，为红色旅游项目提供充足的用地保障。通过优先安排红色旅游项目用地，支持这些项目的快速发展，并与地方的环境保护和文化保育目标相协调。同时，加强对已确权土地的管理，确保土地使用的合法性和效益最大化。

通过这些策略的实施，X 县不仅能够有效保护和利用其独特的红色文化资源，还能促进当地经济发展，提高居民生活质量，实现经济、社会与文化的可持续发展。

二、健全政策执行机制

多部门协同实施红色旅游政策是确保政策有效落地的关键。这需要各部门根据自身职责，共同参与政策的制定和实施，通过明确分工和责任，实现政策的有针对性和有效性。

（一）明确政策执行者职责

在 X 县红色旅游政策的实施过程中，关键在于县委的整体统筹和县政府的领导执行。为了有效实施这些政策，必须明确包括文化和旅游局、发展和改革局、乡村振兴局在内的相关部门的具体职责。建议成立一个包含这些部门的协调机构，通过该机构推动跨部门的协作，这不仅能加强部门间的合作，也能确保资源和信息的有效流通。

为实现这一目标，每个涉及的部门都需要根据自身的功能和职责制定明确的行动计划。这些计划应详细阐述部门如何具体支持红色旅游的推广和实施，包括但不限于政策推广、资金分配、项目执行等方面。此外，还应设立定期评审机制，监督和评估各项措施的执行情况，确保红色旅游政策能够有效地落到实处，最终达到促进 X 县旅游业发展和文化传承的目的。

（二）提高政策执行者水平

对于红色旅游政策的有效实施，提升政策执行者的能力是一个关键因素。

首先，为了确保每位执行者都能深刻理解和准确执行政策，X县应该定期组织针对各级政策执行人员的培训和工作坊。这些培训应覆盖政策理解、最佳实践分享以及解决实施过程中遇到的具体问题等方面。

其次，建立一个严格的考核体系对于激励和监督政策执行者至关重要。这个考核体系应将政策执行的效果明确纳入政府工作人员的年度绩效评估中，以此确保每位员工都对自己的工作负责，并努力达成既定的政策目标。

此外，对于那些政策执行不力或在执行过程中出现重大失误的个案，必须明确责任追究机制。这不仅有助于提高政策执行的严肃性，还能通过具体案例的反思，优化和调整未来的政策执行策略。

通过这些措施，X县能够确保政策执行者不仅有能力和动力执行政策，还能在执行过程中不断学习和进步，最终确保红色旅游政策的目标得以实现。

（三）提供政策对象参与渠道

为了确保政策的广泛接受和有效执行，必须让政策对象——如企业、农民和村集体——积极参与政策的制定与实施过程。这一过程应从政策制定的最初阶段就开始，通过深入的调研活动来确保新制定的政策能切实满足这些群体的需求和期望。

为了实现这一目标，X县应设立公开的讨论平台和有效的反馈机制，鼓励各利益相关者表达他们的观点和建议。这种交流不仅能提升政策制定的透明度，还能增强政策对象对政策内容的理解，从而提高他们的参与度和对政策的满意度。

通过这样的参与渠道，X县能够收集到更为广泛和深入的意见，使政策更具包容性和针对性，最终促进政策执行的效果和效率。

（四）加强政策执行对象的素质和能力提升

为确保红色旅游政策的有效实施和持续发展，至关重要的一步是提升政策执行对象的素质和能力，尤其是农民。X县应通过全面的教育和培训方案，增强农民的自主发展能力和参与当地旅游发展的意识。教育内容应覆盖红色旅游的文化价值、可持续发展实践，以及基本的商业和服务技能，使农民能够更好地从事旅游相关活动，提高他们的生活水平。

同时，村集体作为农村社会组织的核心，应发挥领导和示范作用，积极引导和动员村民参与红色旅游项目。这不仅涉及项目的执行和管理,也包括对村民进行定期的政策宣讲和技能培训,确保他们能够正确理解政策目标,并积极参与其中。

此外,X县还应加强与高校、研究机构的合作,引进专业人才和先进技术,为农民提供科技支持和新知传播,进一步提升他们的技能和知识水平。通过这些综合措施,旨在使红色旅游成为推动当地经济和社会发展的重要力量,同时确保旅游活动的可持续性和广泛参与性。

三、优化政策执行环境

政策环境对政策的整体实施至关重要。在X县红色旅游政策的实施中,需要在多个层面上进行优化,以确保政策的有效性和协调性。

(一)规范红色旅游市场秩序

为了确保红色旅游能够持续健康地发展,X县必须建立一个规范且高效的市场环境。目前,红色旅游市场面临诸多问题,如服务质量参差不齐、管理混乱等。这些问题不仅影响了游客的体验,也阻碍了红色旅游的长远发展。因此,亟须加快建立一套权责明确、执法有力的旅游市场监管体系,以促进红色旅游市场的规范化和良性运转。

首先,需要建立一个综合监管机构,负责全方位地监管红色旅游市场的各个方面。该机构应当具备强大的技术支持和人员配置,能够实时掌握市场动态,及时处理各种问题。同时,组建一支专业的法律顾问团队,以提供法律支持和咨询服务,确保市场运作符合相关法律法规。

其次,为了提高市场透明度和公正性,应引入第三方评价机制。这些第三方评价机构可以对旅游服务质量进行独立评估,确保旅游产品和服务的真实有效,并将评价结果公之于众,以便游客做出明智的选择。此外,还应推广旅游服务标准化合同,明确旅游服务提供者与游客之间的权利和义务,减少纠纷发生的可能性。

为了强化旅游市场监管的实际效果,需实行旅游市场监管的随机抽查机制。通过随机抽查,可以有效防止监管盲区和违规行为的发生。此外,加强电子监管是提高监管效率和准确性的关键。通过推进旅游合同的电子化和透明化,可以实现实时监控和数据分析,提高市场监管的时效性和精准度。

通过上述措施,X县将能够建立一个长效的旅游市场监管机制。这不仅将提升红色旅游市场的整体服务质量,还将增强游客的信任感和满意度,为红色旅游的持续健康发展奠定坚实的基础。

（二）完善基础设施

红色旅游的基础设施是支撑其可持续发展的核心要素。X县在推动红色旅游的过程中，必须在城乡统筹的基础上，全方位提升与红色旅游相关的基础设施建设，以满足游客日益增长的旅游需求和提高游客的整体旅游体验。

首先，应重点改善旅游公路沿线的服务设施。这包括升级道路条件，确保主要旅游线路的畅通无阻；设置便利的休息区、加油站和洗手间，以提升游客的出行舒适度。此外，在沿线适当位置建设标识清晰的指示牌和旅游信息点，方便游客获取相关的旅游信息和路线指导。对于偏远或交通不便的红色旅游景点，可以考虑建设或改造连接道路，提升其可达性。

其次，X县应积极建设各种类型的景观观景台和汽车营地。景观观景台既可以为游客提供优质的观景体验，同时也可以作为宣传红色旅游文化的重要场所。汽车营地的建设则能够满足自驾游游客的需求，提供便捷的停车和露营设施。这些营地应配备基础设施如电力供应、排污系统、供水设施等，以确保游客在露营期间的舒适性和安全性。

为了进一步提升游客体验，X县应充分利用现代信息技术，推动红色旅游信息平台的建设。开发面向游客的服务微平台是关键措施之一。该平台可以提供在线查询、预订、反馈等多种服务，方便游客随时随地获取所需信息和服务。平台功能应涵盖景点介绍、旅游线路规划、在线预订门票、住宿和餐饮推荐，以及游客反馈和评价等。此外，还可以通过平台推送实时的旅游动态、活动信息和优惠政策，以吸引更多游客。

在平台建设的同时，还应加强对信息平台的维护和更新，确保信息的准确性和时效性。与本地酒店、餐饮、交通等服务提供商合作，建立数据共享机制，提升整体服务质量和协同效率。

通过以上措施，X县将能够全面提升红色旅游的基础设施建设，不仅优化游客的出行体验，也为红色旅游的发展注入新的活力和动力。

（三）优化人才环境

人才是红色旅游发展的核心资源。X县应积极采取措施，通过优化政策和支持体系，吸引和培养人才，为红色旅游的持续发展提供强有力的智力支持和技术保障。

首先，X县应通过提供奖励和税收减免等措施，鼓励人才回流和创业，特别是在红色旅游领域。具体而言，可以设立专项人才引进奖励基金，对有突出贡献的红色旅游从业人员、专家学者和创业者给予财政奖励或补贴。此外，对于在红色旅游领域内创办企业或开展项目的人员，提供税收减免优惠，降低其创业成本。通过这些措施，激励更多具备专业技能和经验的人才回到本地，参与红色旅游的发展和创新。

其次，加强对旅游行政人员和企业经营者的培训至关重要。X县应定期组织培训课程和研讨会，邀请国内外专家、学者及行业精英进行授课，涵盖旅游管理、市场营销、服务质量、品牌建设等多个方面。培训内容应与实际工作需求相结合，提升行政人员的政策执行能力和企业经营者的管理水平。同时，可以建立旅游从业人员的职业发展体系，为他们提供职业规划建议和晋升机会，激励他们在岗位上不断提升自我。

此外，探索建立红色旅游发展智慧库也是提升人才环境的重要举措。该智慧库应会聚来自政府部门、科研机构、高等院校、企业以及社会组织等多方面的专业人才和智库资源。智慧库不仅可以提供关于红色旅游政策制定和实施的科学指导，还可以进行数据分析、趋势预测，为决策者提供有力的依据。通过智慧库的建设，X县能够整合多方专业力量，形成协同合作的良性机制，加速红色旅游相关项目的实施和创新。

最后，应注重加强对地方高等院校和职业教育机构的合作，推动红色旅游相关课程的设置和专业的培养。这不仅能够为红色旅游发展输送源源不断的人才，还能够提升当地教育资源的利用效率和教育质量。

通过以上措施，X县将能够优化人才环境，吸引和培养更多优质人才，推动红色旅游的科学发展与创新。这不仅将提升红色旅游的整体竞争力，还将为地方经济发展注入新的活力。

第三章　旅游政策与法规对旅游市场的影响

第一节　政策法规对旅游市场秩序的规范作用

在当今快速发展的旅游行业中，政策法规的作用至关重要，它不仅为行业的有序发展提供了基础框架，而且通过确保市场参与者之间的公平竞争，维护了消费者权益，促进了旅游业的高质量发展。随着全球化和地方化需求的增加，旅游市场秩序面临前所未有的挑战和机遇。因此，有效的政策和法规成为调控旅游市场、促进其健康、可持续发展的关键。

首先，价格管理和市场公平竞争政策能够抑制市场滥用行为，如价格垄断和不正当竞争，确保旅游市场的透明度和公平性。

其次，通过旅游质量与服务标准的提升，政策法规能够提升旅游产品和服务的整体质量，增强游客的满意度和旅游体验。此外，旅游市场监管与消费者权益保护政策直接影响到消费者信心，通过确保服务质量和安全，增强了消费者对旅游市场的信任。最后，旅游广告与市场营销的规范通过确保广告内容的真实性和合法性，防止误导消费者，保护市场的公正性。

一、价格管理和市场公平竞争

（一）价格管理的法律基础与政策框架

价格管理是维持旅游市场稳定和公平的重要工具。有效的价格管理不仅可以防止价格操纵，还能确保价格透明度，从而保护消费者权益并促进市场的健康发展。

在国家层面，价格管理政策旨在通过法律法规的强制执行，防止价格操控行为，维护市场的公平竞争。这些政策的法律基础包括《中华人民共和国反垄断法》《中华人民共和国消费者权益保护法》《中华人民共和国价格法》和《中华人民共和国反不正当竞争法》等。这些法律法规共同构成了国家对旅游价格管理的坚实保障。例如，中国的价格法规定了价格管理的基本原则和要求，旨在维护市场价格秩序，防止不正当价格行为的发生。反不正当竞争法则主要针对那些通过虚假宣传或不正当手段操控价格的行为，保护市场的公平性。

在价格法中，国家规定了对一些特殊产品和服务的价格管理措施，尤其是公共服务领域，这些措施可以在一定程度上影响到旅游市场的价格管理。例如，国家规定对一些特定的旅游景点可以进行价格监管，以避免价格暴涨对游客造成负担。另一方面，反不正当竞争法则确保了企业在价格制定过程中遵循公平原则，禁止价格串通和虚假宣传等不正当行为。

地方政府在国家政策的指导下，结合地方实际情况，制定了具体的价格管理措施，以适应本地区旅游市场的特殊需求和实际情况。这些措施包括但不限于对重要旅游景点门票价格的上限设定，旨在防止价格过高对游客造成困扰。例如，地方政府可以设定门票价格的最高限额，以保证所有游客能够享受到公平的价格。同时，地方政府还会根据旅游高峰期和淡季的不同，实施价格调控政策，调节旅游产品和服务的价格波动，以平衡供需关系。例如，在旅游高峰期，地方政府可能会限制价格上涨的幅度，以防止价格过高对游客的负面影响。

此外，地方政府还可以通过设立价格监督机构，进行市场价格的监测和调查，确保价格政策的有效执行。这些机构负责收集价格数据，分析市场变化，及时发现并处理价格异常情况，并向公众提供价格信息和咨询服务。通过这些措施，地方政府能够有效维护市场秩序，保护消费者的合法权益，并推动旅游市场的健康发展。

总之，通过国家和地方层面的价格管理措施，旅游市场能够在法律的规范和地方政策的调控下，保持价格的稳定和公平，确保消费者的利益得到充分保护。这不仅有助于维护市场的良性竞争，还促进了旅游行业的可持续发展。

（二）价格管理在旅游业的实际应用

在旅游业中，价格管理的有效实施关键在于确保价格的透明度，以维护市场公平和保护消费者权益。为实现这一目标，必须采取多种措施来增强价格信息的公开性和可比性，从而防止价格操纵和不正当竞争。

首先，在线价格比较平台是提高价格透明度的重要工具。这样的平台可以让消费者方便地对比不同旅游产品和服务的价格，了解市场价格的合理范围。例如，消费者可以通过这些平台查看不同旅游套餐、酒店房价、景点门票等的报价，并选择性价比最高的选项。此外，这些平台还可以提供用户评价和评分，帮助消费者做出更明智的决策。为了确保这些平台的信息准确可靠，政府可以对其进行监管，要求其定期更新数据，并对价格信息的来源进行审核。

其次，要求旅游企业公开其价格计算方法也是提升价格透明度的有效措施。旅游企业应明确公布价格构成，包括但不限于服务费用、税费、附加费用等，使消费者能够清楚地了解自己支付的每一项费用。这种公开透明的价格计算方法不仅有助于防止价格欺诈，还可以增强消费者对旅游产品的信任感。政府部门可以通过制定相关法规，要求旅游企业在其官方网站和宣传材料上明确标示价格构成，并对未遵守规定的企业施以处罚。

此外，政府部门在价格管理中扮演着重要的监管角色。他们负责监控市场动态，防止价格垄断和不正当竞争行为。例如，政府可以定期检查旅游套餐的定价过程，确保其合理性和公正性。如果发现价格异常或垄断行为，政府部门可以采取相应措施进行干预和纠正。政府还可以设立专门的价格监管机构，负责对市场价格进行实时监测，收集和分析价格数据，及时发现和处理市场中的不正当行为。

为了进一步防止价格操纵，监管机构通常会采取预警系统和举报热线的方式。这些系统可以实时监控价格波动，识别异常价格行为，并在发现潜在问题时发出预警。举报热线则为消费者和业界提供了一个便捷的渠道，让他们能够报告可疑的价格操控行为。消费者和行业从业者可以通过这些热线向监管机构提供证据和线索，帮助其查处不正当价格行为。为了提高举报的有效性和积极性，监管机构还可以设立匿名举报机制，并对有效的举报提供奖励。

综上所述，通过在线价格比较平台的建立、价格计算方法的公开、政府部门的市场监控以及预警系统和举报热线的运用，可以有效提升价格管理的透明度，防止价格操纵和不正当竞争。这不仅有助于维护市场的公平竞争环境，还能保护消费者的合法权益，推动旅游业的健康发展。

（三）市场公平竞争的监管机制

市场公平竞争的监管机制主要通过竞争政策的制定和执行来维护。这些政策的核心目标是确保市场环境的公正性和竞争性，从而促进经济的健康发展和消费者权益的保护。有效的市场监管不仅限于制止价格操控，还包括禁止市场垄断、促进市场准入以及其他相关措施。

首先，制止价格操控是市场公平竞争监管的一个重要方面。价格操控行为如价格串通、价格垄断、虚假定价等，严重影响市场的公平竞争和消费者利益。监管机构需要通过制定明确的法律法规，对这些行为进行严厉打击。例如，国家可以通过反垄断法和反不正当竞争法来规定对价格操控行为的处罚措施，并设立专门的执法机构进行监督和执行。

其次,市场垄断行为也是需要重点监管的问题。市场垄断会限制竞争,抬高价格,减少消费者选择。监管机构需要对市场中的主要企业进行审查,确保其不会通过并购或其他手段形成垄断地位。对已存在的垄断行为,监管机构应采取反垄断措施,如拆分垄断企业、限制其市场行为等,恢复市场竞争秩序。

此外,促进市场准入也是市场公平竞争的重要措施。只有开放和公平的市场才能激励更多的企业进入竞争,推动创新和效率提升。监管机构可以通过简化行政审批程序、降低市场准入门槛、提供创业支持等方式,鼓励更多新兴企业和小微企业进入市场,从而增加市场竞争。

监管机构如市场监督管理总局等在市场公平竞争的维护中扮演着至关重要的角色。这些机构负责制定和执行竞争政策,监督市场行为,并对违反市场公平竞争的行为进行处罚。它们还需要进行市场监测,收集和分析市场数据,评估市场竞争情况,并根据实际情况调整政策和措施。

案例研究表明,成功的市场公平竞争监管往往依赖于监管机构与行业的有效沟通和合作,以及公众的参与和监督。监管机构需要与行业协会、企业代表和专家学者保持密切联系,了解行业发展动态和市场需求,以便制定更加科学合理的政策。同时,通过召开公开会议、发布咨询报告等方式,听取各方意见,提升政策的透明度和公正性。

公众的参与和监督也是不可或缺的。消费者和社会公众通过举报、投诉和参与公共讨论等方式,能够对市场中的不公平行为进行监督和举报。监管机构可以设立举报平台,鼓励公众参与市场监督,并对举报线索进行认真核查和处理。此外,定期发布市场监管报告,公开执法信息,也有助于提高监管的透明度和公众的信任度。

总的来说,通过制定和执行全面的竞争政策、加强监管机构与行业的沟通合作、鼓励公众参与和监督,可以有效维护市场的公平竞争环境。这不仅能够促进经济的健康发展,还能增强消费者的满意度和信任,推动市场的长远繁荣。

二、旅游质量与服务标准的提升

(一) 旅游质量管理的国际与国内标准

旅游业作为一个全球性的行业,其服务和管理质量标准在国际和国内层面都有严格的规定和要求。这些标准的制定旨在确保服务质量和客户满意度,提高行业整体水平,并促进旅游业务的可持续发展。

在国际层面，国际标准化组织（ISO）为旅游质量管理提供了一系列标准，其中最为广泛应用的是 ISO 9001 质量管理系统标准。ISO 9001 标准旨在帮助组织建立和维护一个有效的质量管理体系（QMS），以确保其产品和服务能够满足客户的需求和期望。对于旅游业而言，ISO 9001 提供了一个结构化的框架，帮助旅游企业系统性地管理和改进其服务质量，包括客户反馈的处理、服务过程的优化以及员工培训等方面。通过实施 ISO 9001 标准，旅游企业可以提升运营效率、增强客户满意度，并在激烈的市场竞争中获得更大的优势。

此外，ISO 还针对旅游行业的其他方面提供了专门的标准。例如，ISO 14001 环境管理系统标准帮助旅游企业在运营中遵循环保原则，减少对环境的负面影响；ISO 20121 可持续事件管理标准则适用于大型旅游活动和会议，促进其可持续性和社会责任。[1] 这些标准不仅有助于提升旅游服务质量，还促进了全球旅游业的可持续发展和环保意识的提升。

在国内层面，各国和地区根据自身的文化背景、市场需求以及旅游发展的阶段，制定了各自的质量管理标准。以中国为例，中国的旅游质量管理注重游客的接待和服务态度，强调为游客提供优质的服务体验。中国的《旅游服务质量管理规范》以及《旅游行业服务质量评价体系》为旅游企业提供了具体的操作标准和评价指标。特别是在游客满意度的评估方面，中国的标准强调对服务态度、设施条件、信息透明度等方面的综合考量。这些标准有助于提升旅游企业的服务水平和客户满意度。

欧美国家在旅游质量管理方面则有其独特的标准和侧重点。例如，欧洲国家和北美地区对可持续旅游和环保标准有较高的关注。这些地区通常会要求旅游企业遵循严格的环保规范，如减少碳排放、使用可再生能源、保护自然资源等。欧美国家还推动了绿色认证和生态标签等制度，以鼓励旅游企业实施环保措施和可持续实践。例如，欧洲的"绿色钥匙"认证和美国的"绿色旅游"认证都要求旅游企业在运营过程中遵循环保和可持续的标准，从而减少对环境的负担。

总之，国际和国内的旅游质量管理标准各具特色，通过提供明确的指导和评价体系，帮助旅游企业提高服务质量、增强客户满意度，并推动行业的可持续发展。国际标准如 ISO 9001 为全球旅游业务提供了统一的质量管理框架，而国内标准则根据地方实际情况进行调整，以更好地满足本地市场的需求和文化背景。这些标准的实施和推广，不仅有助于提升旅游行业的整体水平，也为游客提供了更加优质和满意的旅游体验。

---

[1] 于岩平. ISO14001 环境管理体系及在中国饭店业中的应用 [J]. 旅游科学, 2001（2）: 4.

（二）服务标准提升的实施策略

提升旅游服务标准是确保游客满意度和提升企业竞争力的关键。建立和实施有效的服务质量保证体系是实现这一目标的基础。这一体系应涵盖从顾客满意度调查到员工培训，再到服务质量的持续改进等多个方面，以确保服务标准的全面提升和持续优化。

首先，建立服务质量保证体系是提升旅游服务标准的核心步骤。这一体系包括对顾客满意度的定期调查、对服务过程的严格监控和对服务质量的持续改进。顾客满意度调查可以帮助旅游企业了解游客的真实反馈，识别服务中的问题和不足。通过分析调查结果，企业能够发现服务中的薄弱环节，并有针对性地进行改进。调查方式可以包括在线问卷、现场访谈、意见箱等多种形式，以确保收集到全面和真实的反馈信息。

其次，建立服务质量保证体系还包括对服务过程的严格监控。这可以通过设立专门的质量管理部门，负责对服务质量进行实时监控和评估。质量管理部门应定期对服务过程进行检查，确保服务标准得到有效执行。此外，企业可以引入服务质量管理系统（SQMS），通过数据分析和自动化工具对服务过程进行实时监控，及时发现和纠正服务中的问题。

持续改进是服务质量保证体系的重要组成部分。企业应定期进行服务质量的评估，制定并实施改进计划。通过定期回顾和分析服务质量数据，企业能够发现服务中的改进机会，并采取措施优化服务流程和提升服务水平。改进计划应包括明确的目标、实施步骤和评估指标，以确保改进措施的有效性和可持续性。

员工培训和服务标准的统一是提升服务质量的关键措施。旅游企业需要定期对员工进行培训，以提升其服务意识、技能和国际礼仪。培训内容应涵盖服务流程、客户沟通技巧、问题解决能力等方面，确保员工掌握提供优质服务的基本技能和知识。国际礼仪培训也是至关重要的，特别是在接待外国游客时，员工需要了解并遵循相关的礼仪规范，以提供专业和礼貌的服务。

为了确保培训效果，企业可以采用多种培训形式，如现场培训、在线课程、模拟演练等。同时，企业应制定统一的服务标准，并将其纳入员工培训的内容，以确保所有员工都能够按照相同的标准提供服务。制定和实施服务标准时，企业应根据行业最佳实践和顾客需求，建立一套适合本企业的服务标准体系。

除了定期培训外，企业还应建立激励机制，鼓励员工在实际工作中积极践行服务标准。通过设置绩效考核指标、奖励制度等方式，激励员工不断提升服务质量。此外，企业可以定期组织服务质量评比和分享优秀案例，以激励员工学习和模仿服务中的最佳实践。

总之，通过建立服务质量保证体系、定期进行员工培训和统一服务标准，旅游企业可以系统地监控、评估并提高服务标准，这不仅能够提升游客的满意度，还能增强企业的市场竞争力和品牌声誉。持续改进和优化服务质量的过程，是提升旅游服务标准的关键环节，对于推动旅游业的整体发展和提升服务质量具有重要意义。

三、旅游市场监管与消费者权益保护

（一）旅游市场监管的政策法规

旅游市场的监管框架依托于一系列综合政策和法规，旨在维护一个公平、透明和可持续的市场环境。通过国家和地方政府的立法和政策制定，旅游市场的监管得以有效实施，并为市场参与者设定了明确的行为规范。

首先，国家层面的旅游法规是旅游市场监管的基础。《中华人民共和国旅游法》是中国的主要旅游法律文件，规定了旅游活动的基本原则和管理要求。该法律明确了旅游服务提供者的责任和义务，包括对旅游产品和服务的质量保障、信息披露和价格透明度等方面的要求。旅游法还强调了对旅游消费者权益的保护，规定了旅游企业不得进行虚假宣传、不正当竞争等行为，以确保消费者能够获得真实、合法的旅游服务。

《中华人民共和国消费者权益保护法》也是旅游市场监管中的重要法规之一。这部法律全面保护消费者在购买商品和接受服务过程中的合法权益，包括知情权、选择权、公平交易权等。旅游服务提供者在市场中必须遵守消费者权益保护法的相关规定，保障消费者的基本权益，如清晰标示价格、真实描述服务内容、提供合理的退款和赔偿机制等。通过这些法律的实施，消费者能够在旅游消费中享有更多的保障和权益。

在地方层面，各地政府根据国家法律的框架，结合地方实际情况，制定和实施具体的旅游法规和政策。这些地方政策通常包括对本地旅游市场的管理规定、旅游景点的开发和管理要求、地方特色的旅游服务标准等。例如，一些地方政府可能会根据本地旅游市场的特点，出台针对性政策，如限制某些旅游景点的游客承载量，或对旅游企业进行专项的检查和整改，确保旅游市场的健康发展。

监管机构在旅游市场监管中扮演着至关重要的角色。文化和旅游部（或相应的国家旅游管理部门）是国家层面的主要监管机构，负责实施旅游政策、监督市场行为、制定行业标准和规范。文化和旅游部通过开展市场监督检查、组织行业培训、发布旅游统计数据等方式，确保旅游市场的规范运作。同时，文化和旅游部还负责协调解决全国范围内的旅游矛盾纠纷，推动行业的整体发展和提升。

地方旅游委员会则负责地方层面的市场监管工作。这些委员会在地方政府的指导下，具体实施国家政策，并根据地方需求制定相应的管理措施。他们负责对地方旅游市场进行日常监督检查，确保旅游企业遵守法律法规。同时，地方旅游委员会还扮演着行业指导者的角色，通过组织地方旅游行业培训、推广地方旅游产品和活动、建立行业交流平台等方式，推动地方旅游业的发展。

此外，监管机构还承担着旅游市场纠纷调解的职责。在实际工作中，旅游市场难免会出现各种纠纷和问题，如服务质量争议、合同履行问题等。监管机构通过设立投诉和调解机制，及时处理消费者和旅游企业之间的矛盾，维护市场秩序和消费者权益。通过这些措施，监管机构能够确保所有市场行为都在法律框架内进行，推动行业标准的提升，并促进旅游市场的健康发展。

总的来说，通过制定和实施综合的政策法规、发挥监管机构的作用，可以有效维护旅游市场的公平、透明和可持续发展。法律和政策的完善以及监管机构的积极工作，是保障旅游市场正常运作、提升服务质量和保护消费者权益的重要保障。

（二）消费者权益保护的措施

保护消费者权益是旅游市场监管的核心部分，涉及广泛的教育、信息透明以及有效的纠纷处理机制。通过这些措施，能够确保消费者在旅游消费过程中享有公平和公正的待遇，减少不良服务和欺诈行为带来的损害。

1. 消费者教育

消费者教育是提升消费者权益保护的基础。通过系统化的宣传和教育活动，可以提高旅游者对自身权利的认识，帮助他们做出更加明智的决策。消费者教育可以通过以下几种方式进行：

（1）宣传活动

利用各种媒体平台，包括电视、广播、互联网和社交媒体，进行广泛的宣传。宣传内容可以包括旅游合同的注意事项、常见的消费陷阱、权益保护技巧等，提高公众对旅游消费中潜在风险的警觉性。

（2）教育培训

组织消费者权益保护讲座、研讨会和工作坊，向旅游者普及相关法律法规和权益保护知识。这些培训可以由专业人士、法律专家或消费者保护组织主办，内容应涉及如何识别不良商家、如何维权、如何合理选择旅游产品等实用信息。

（3）信息发布

通过政府网站、旅游网站和消费者保护组织发布有关消费者权益保护的指南和手册。这些材料应提供简明扼要的法律知识、投诉流程和维权方法，方便消费者查阅和使用。

2. 信息透明

信息透明是保护消费者权益的重要措施。旅游服务提供者应全面公开服务的相关信息，以减少消费者在选择和购买旅游服务时的风险。信息透明的实施可以包括：

（1）价格公开

所有旅游产品和服务的价格应明确标示，包括基础费用、附加费用、税费等。价格信息应在官方网站、宣传资料和合同中清晰列出，避免隐性收费和价格欺诈。

（2）服务内容

旅游服务提供者应详细描述所提供的服务内容，包括住宿条件、交通安排、餐饮服务、导游服务等。消费者在购买之前应能够全面了解服务的具体内容，避免因信息不对称而产生的纠纷。

（3）取消政策

明确公开旅游产品的取消政策和退款流程，包括取消条件、时间限制、退款金额等。消费者在购买时应了解清楚这些条款，以便在需要取消或更改行程时能够顺利处理。

（4）资质认证

提供者应公开其资质认证和行业标准，证明其符合相关的法律法规和行业要求。这可以包括营业执照、质量认证、环保认证等，增强消费者对服务提供者的信任。

3. 投诉处理和纠纷调解机制

投诉处理和纠纷调解机制是保护消费者权益的关键环节。通过设立易于访问的投诉渠道和快速响应系统，消费者在遇到问题时能够得到及时和公正地处理。具体措施包括：

（1）设立投诉渠道

建立多种投诉渠道，如在线投诉平台、热线电话、邮件和实体投诉信箱等。投诉渠道应易于访问，并确保所有消费者都能够方便地提出投诉和反馈。

（2）快速响应系统

设立专门的投诉处理部门，负责快速响应和处理消费者的投诉。该部门应具备处理投诉的专业知识和能力，能够及时解决消费者遇到的问题，并提供必要的支持和帮助。

（3）公正调解服务

建立公正的调解机制，由第三方调解机构或消费者保护组织负责调解纠纷。调解服务应具备中立性和公正性，能够有效调解消费者和服务提供者之间的争议，达成公平合理的解决方案。

(5) 投诉跟踪与反馈

对每一个投诉案件进行跟踪，并及时向消费者反馈处理进展和结果。通过建立案件记录和处理档案，确保所有投诉得到妥善处理，并对处理结果进行公开，增强处理过程的透明度和公正性。

(6) 维权支持

提供法律咨询和维权支持服务，帮助消费者了解法律权利并制定维权策略。此类服务可以通过法律援助中心、消费者保护组织等机构提供，确保消费者能够获得专业的法律帮助和支持。

通过这些措施，消费者在旅游消费过程中能够享有更高的权益保障，避免不公平待遇和服务问题的发生。这不仅有助于提高旅游服务质量，也促进了市场的健康发展和消费者的满意度。

四、旅游广告与市场营销的规范

(一) 旅游广告法规与市场营销的道德规范

在旅游行业中，广告和市场营销活动的规范化至关重要，以维护市场秩序、保护消费者权益并促进公平竞争。广告法规和道德规范共同构建了旅游广告的法律和道德框架，确保旅游市场的健康发展和消费者的信任。

1. 广告法规

广告法规为旅游广告活动提供了基本的法律框架，以确保广告内容的真实性和合法性。主要法规包括《中华人民共和国广告法》和《中华人民共和国消费者权益保护法》，这些法律在规范广告行为方面发挥了重要作用：

(1) 广告法

该法律规定了广告内容的基本要求，禁止发布虚假或误导性广告。广告法明确要求广告必须真实、准确，不得夸大或虚构事实。旅游广告中的宣传内容，如旅游景点的设施、服务质量、价格优惠等，都必须真实反映，不得虚假宣传。法律还规定了对广告主的资质审查和广告审核程序，以防止违法广告的发布。

(2) 消费者权益保护法

该法律补充了广告法的规定，重点保护消费者在广告和市场营销活动中的权益。消费者权益保护法要求旅游广告必须明确标示价格、服务内容和其他重要信息，确保消费者能够做出知情的选择。对于虚假宣传、误导性广告和隐性收费等行为，法律规定了严格的处罚措施。

这些法律的实施和执行有助于确保旅游广告的真实性和准确性,防止广告欺诈和误导行为,为消费者提供一个公平透明的市场环境。

2. 市场营销的道德规范

道德规范在旅游广告和市场营销中同样重要,它要求企业不仅要遵守法律法规,还要维护消费者的信任和行业的良好声誉。道德规范的核心内容包括:

(1) 公正竞争

旅游企业在进行广告宣传和市场营销时,应遵循公平竞争的原则,避免恶意竞争和不正当手段。例如,不应贬低竞争对手的产品或服务,不应使用诋毁性语言或不实信息来吸引顾客。公正竞争不仅有助于提升企业自身的形象,也促进了整个旅游行业的健康发展。

(2) 尊重消费者权益

旅游广告应尊重消费者的知情权和选择权。在广告宣传中,企业需要明确标示产品和服务的真实情况,如价格、服务内容、适用条款等,以确保消费者能够充分了解和判断。同时,企业应对广告中的承诺负责,确保实际提供的服务与广告宣传一致,避免虚假承诺和过度承诺。

(3) 负责任的市场行为

企业在进行市场营销活动时,应遵循负责任的原则,尊重社会伦理和公众利益。例如,在广告中避免使用过度刺激、夸张的语言或图像,尊重文化和社会习俗,避免引发公众的不满或争议。企业应关注广告对不同群体的影响,确保其营销活动不会对特定群体造成负面影响。

(4) 行业自律

行业协会和组织可以制定行业自律规范,推动企业自觉遵守道德规范。这些自律规范包括对广告内容的审查、对行业行为的监督、对违规行为的举报和处理等。行业自律不仅有助于提高行业整体水平,也增强了消费者对行业的信任。

总之,通过广告法规和市场营销的道德规范,旅游行业能够建立一个公平、透明的市场环境。这不仅保护了消费者的权益,也促进了行业的良性发展,增强了市场的信任度和竞争力。

(二) 广告内容的真实性与合法性

广告内容的真实性与合法性是旅游广告监管的核心重点。广告作为吸引消费者的重要手段,其内容直接影响消费者的决策,因此确保广告的真实性和合法性对于维护市场秩序和保护消费者权益至关重要。

1. 广告内容的真实性

旅游广告中的真实性问题涉及广告信息的准确性和完整性。在实际操作中，存在一些旅游公司夸大景点吸引力、虚假宣传优惠信息或隐瞒额外费用等不当行为，这些行为不仅违反了法律法规，还可能引发法律纠纷和消费者的不满。例如：

（1）夸大景点吸引力

一些旅游公司在广告中夸大旅游景点的美誉度和独特性，使用过度修饰的语言或美化的图片，使消费者对实际体验产生不切实际的期待。这种行为容易导致消费者在实际旅游中感到失望，并可能引发投诉和法律诉讼。

（2）虚假宣传优惠信息

有些广告宣传中的价格优惠可能并不真实，如广告中展示的低价套餐实际上存在隐藏费用，或者价格仅适用于非常有限的条件。这样的虚假宣传不仅误导了消费者，还可能导致消费者在支付过程中遇到额外费用，损害其合法权益。

（3）隐瞒额外费用

旅游公司可能在广告中没有明确列出额外的费用，如保险费、服务费、景点门票等，消费者在预订和旅行过程中才发现额外支出。这种隐瞒费用的行为使消费者无法全面了解实际消费情况，影响了其购物体验和满意度。

2. 监管措施

为了确保广告内容的合法性和真实性，监管机构采用了多种监管措施：

（1）定期审查广告内容

监管机构对旅游广告进行定期审查，检查广告是否符合《中华人民共和国广告法》和《中华人民共和国消费者权益保护法》的要求。这些审查工作包括对广告内容的真实性、准确性、合法性进行核实，防止虚假和误导性广告的发布。

（2）设立投诉渠道

监管机构设立了多种投诉渠道，方便消费者和其他市场参与者举报虚假或不合法的广告行为。投诉渠道可以包括在线举报平台、热线电话、邮件等。消费者在发现广告虚假或不实信息时，可以通过这些渠道向监管机构反映问题。

（3）对违规广告采取处罚措施

对于发现的虚假或不合法广告，监管机构会采取相应的处罚措施，如罚款、公开警告、责令整改等。这些措施旨在对违规行为进行纠正，防止类似问题的再次发生。公开警告和处罚决定也有助于警示其他市场参与者，维护市场秩序。

（4）加强广告发布前的审查

监管机构可以要求旅游公司在广告发布前提交广告内容进行审核，确保广告信息符合相关法律法规的要求。广告发布前的审查有助于防止虚假广告的流入市场，并减少因广告内容问题引发的法律纠纷。

（5）开展行业自律和教育活动

监管机构与行业协会合作，推动行业自律和广告诚信建设。通过组织培训、发布行业指南、开展广告诚信宣传等活动，提高旅游企业的法律意识和自律水平。教育活动能够帮助企业了解广告法规要求，自觉遵守广告真实性的标准。

未来，随着广告技术的发展和市场环境的变化，旅游广告的真实性和合法性监管将继续面临新的挑战和机遇。监管机构应不断适应新的市场动态，利用先进的技术手段和数据分析工具，加强广告内容的监管。同时，旅游企业应增强自律意识，自觉遵守广告法规，维护市场的诚信与公平。通过监管机构与企业的共同努力，能够进一步提升广告的真实性和合法性，保护消费者的权益，促进旅游市场的健康发展。

（三）市场营销策略的合法性与创新性

在数字化时代，旅游市场营销策略正变得日益多样化和创新化，尤其是数字营销和社交媒体的广泛应用，显著改变了传统的市场推广方式。这些新兴的市场营销手段不仅提高了市场吸引力，还带来了新的机遇。然而，它们也带来了合规性问题，如隐私保护、数据安全和版权问题。旅游企业在采用这些营销工具时，必须严格遵守相关的法律法规，确保营销策略的合法性。

1. 数字营销与社交媒体的合规性

数字营销和社交媒体的运用极大地丰富了市场营销的手段，包括搜索引擎优化（SEO）、内容营销、社交媒体广告和电子邮件营销等。然而，这些营销手段在带来效益的同时，也引发了一系列合规性问题：

（1）隐私保护

数字营销依赖于用户数据来进行精准定位和个性化推荐。旅游企业在收集、存储和使用消费者数据时，必须遵循隐私保护法规。例如，《通用数据保护条例》（GDPR）在欧盟地区要求企业在处理个人数据时必须获得用户的明确同意，并保证数据的安全性和隐私性。在中国，《中华人民共和国个人信息保护法》（PIPL）同样规定了个人数据的处理要求，企业必须确保合法收集和使用用户信息。

（2）数据安全

保护消费者数据的安全性是数字营销中的一个重要问题。旅游企业应采取有效的技术和管理措施，如数据加密、访问控制和定期安全审计，以防止数据泄露、丢失或滥用。违反数据安全法规可能导致严重的法律后果和企业声誉损害。

（3）版权问题

在数字营销中，企业常使用图片、视频和音乐等内容进行广告宣传。未经授权使用版权内容可能引发版权纠纷。旅游企业应确保获得所有使用内容的合法授权，并遵守版权法的相关规定，以避免版权侵权问题。

2. 创新营销方式的法律风险

创新营销手段，如虚拟现实（VR）体验和定制化旅游广告，虽然提升了市场的吸引力，但也带来了新的法律风险：

（1）虚拟现实体验

虚拟现实技术能够为消费者提供身临其境的旅游体验。然而，在推广虚拟现实体验时，企业需要确保虚拟内容的真实性，不得夸大或虚构虚拟场景的效果。此外，企业还需注意虚拟现实设备的安全性和用户体验，以防止因技术问题导致的消费者投诉和法律纠纷。

（2）定制化旅游广告

定制化广告通过分析用户数据提供个性化推荐，这种方法能够提升广告的效果。然而，定制化广告也可能涉及用户数据的处理和隐私问题。企业在实施定制化广告时，必须遵守数据保护法规，确保广告活动不会侵犯消费者的隐私权。

随着市场营销技术的不断进步和消费者需求的变化，未来的市场营销策略将更加多样化和创新。企业需要在追求创新的同时，始终保持对法律法规的敏感性和遵守性。加强对市场营销法规的了解和遵守，建立完善的合规机制，将有助于企业在激烈的市场竞争中保持合规优势，提升品牌声誉和市场竞争力。通过合法合规的市场营销实践，企业能够在创新和合规之间找到平衡，推动旅游行业的健康可持续发展。

第二节　政策法规对旅游产品创新的引导

旅游产品创新涉及新旅游产品、服务、技术或流程的开发，旨在增强旅游体验、扩大市场份额及提升竞争力。这些创新可能包括引入新技术（如虚拟现实导览）、开发新的旅游路线或创造独特的客户服务模式等。旅游产品创新对于响应市场变化、满足消费者日益多样化的需求至关重要，它推动了旅游业的持续发展，使行业能够在全球化的竞争中保持活力和相关性。

政策和法规可以通过多种方式促进旅游业的创新发展。例如，政府可能会提供财政补贴或税收优惠以鼓励企业投资于新技术或可持续旅游项目。此外，制定专门的研发政策可以支持旅游相关的科技创新，如智能旅游平台的开发。同时，政策还可以通过建立合作网络、支持区域旅游集群的发展来促进信息和资源的共享，激发创新活力。

一、现行政策对旅游产品创新的支持框架

（一）国家级和地方级政策对旅游创新的支持措施

在旅游业的快速发展和激烈竞争中，国家级和地方级政府均意识到支持旅游创新的重要性，并采取了一系列政策措施来推动旅游产品和服务的创新。这些政策旨在提升旅游行业的国际竞争力，吸引更多游客，并促进旅游业的可持续发展。

1. 国家级政策支持

国家级政策通常具有广泛的覆盖面和深远的影响，主要通过以下几种方式支持旅游创新：

（1）财政注资和补贴

国家政府通过提供财政注资和补贴来鼓励旅游企业进行创新。例如，为支持新兴旅游项目和产品的开发，政府可能设立专项资金，提供资金支持用于研发和市场推广。财政补贴可以帮助企业降低创新成本，提高产品竞争力。

（2）旅游发展基金

国家层面上，政府可能设立旅游发展基金，以支持旅游产业的创新和升级。这些基金通常用于资助旅游项目的研发、市场拓展、基础设施建设等方面，帮助推动旅游业的整体发展。

（3）战略规划与政策支持

国家政府制定战略规划，如《国家旅游业发展纲要》，明确了未来旅游行业的发展方向和重点领域。例如，国家可能推出政策支持农村旅游、生态旅游、文化旅游等创新型旅游产品，鼓励各地根据自身优势发展特色旅游。

（4）促进国际合作

国家级政策还可能包括促进国际旅游合作的措施，如签订国际旅游合作协议、组织国际旅游推介活动等。这些措施有助于吸引外国游客，推动国内旅游产品的国际化。

2. 地方级政策支持

地方级政府根据自身的区域特色和资源优势，制定了针对性的政策措施来支持旅游创新：

（1）创意旅游实验区

地方政府可以设立创意旅游实验区，作为创新型旅游项目的试点区域。这些试验区通常会享受政策优惠、财政支持和创新资源，旨在探索和验证新的旅游产品和服务模式。成功的实验成果可以推广到其他地区，带动整体旅游业的发展。

（2）传统文化与现代旅游的融合

地方政府在支持旅游创新时，往往结合地方特色文化资源，推动传统文化与现代旅游的融合。例如，地方政府可能鼓励开发以传统手工艺、民俗节庆或地方历史为主题的旅游产品，打造具有地方特色的文化旅游品牌。

（3）旅游基础设施建设

为了支持旅游创新，地方政府还会加大对旅游基础设施的投资，包括修建旅游景点配套设施、改善交通网络、提升住宿条件等。这些基础设施的改善不仅提高了游客的体验，也为创新型旅游产品的推出提供了良好的基础。

（4）企业创新支持

地方政府可能设立专项奖励和激励措施，支持旅游企业的创新活动。例如，通过设立旅游创新奖、提供税收优惠或创业扶持政策，激励企业开展新产品研发和市场拓展。

（5）区域合作与资源整合

地方政府还可能推动区域合作和资源整合，将多个地区的旅游资源结合起来，开发综合性旅游产品。例如，通过跨区域的旅游联合推广活动，提升整体旅游吸引力和竞争力。

（二）专项资金支持与税收优惠政策

政府通过提供专项资金支持和税收优惠政策，致力于激发企业在旅游产品领域的创新活力。这些措施主要目的是降低企业在研发和市场推广新旅游产品时的经济负担，从而加速旅游业的整体技术进步和服务创新。

在税收优惠政策方面，政府可能针对那些进行旅游技术开发、基础设施升级以及实施环保旅游措施的企业，推出一系列税收减免措施。具体来说，企业在研发新型旅游服务或产品，如智能导览系统、在线旅游平台或特色旅游活动等方面的投资，可能享受到增值税退税或所得税减免。这不仅减轻了企业的财务压力，还鼓励它们投入更多资源进行技术革新和市场开拓。

专项资金支持则更多地用于资助那些具有突破性的旅游项目。例如，对于探索新市场的旅游公司，政府可能提供资金帮助它们开发符合特定地区文化或需求的定制旅游产品。此外，那些致力于开发新客户体验的创新项目，如通过虚拟现实技术（VR）

提供沉浸式旅游体验，或是利用数字化技术恢复和展示历史文化景区的企业，也可以获得政府的资金支持。这些资金援助不仅有助于推动科技的应用，也促进了旅游业的可持续发展。

通过这些综合性的财政支持措施，政府旨在建立一个既促进创新又支持可持续发展的旅游产业环境，使企业能在降低成本的同时，提高市场竞争力和客户服务质量。

（三）技术创新与研发支持政策

在技术创新与研发支持政策方面，政府的角色至关重要，尤其是在推动旅游业的现代化和科技化进程中。通过与高等教育机构和研究中心的合作，政府不仅促进了学术资源的商业应用，还加速了旅游相关技术和产品的开发。这种合作通常涉及共同开展研究项目、共享实验室设施和交流专业知识，旨在将最新的科技成果转化为实际可用的技术解决方案。

具体到资金支持方面，政府通常会提供专项资金来支持那些在旅游行业中应用新兴技术的研究项目。这包括大数据分析，可以帮助旅游企业更准确地理解客户行为和市场趋势；人工智能技术，如智能客服系统，能够提升客户服务质量；移动技术，用于开发便捷的旅游应用程序；以及区块链技术，有望在确保交易安全和增强供应链透明度方面发挥重要作用。

此外，政府设立的技术创新基金专门用于支持那些旨在提高运营效率、增强客户服务能力及增进市场营销效果的技术创新项目。这类基金帮助企业引进和应用前沿科技，如云计算和物联网（IoT），从而在实际运营中实现效率优化和成本降低。

为了进一步激励技术创新和促进知识分享，政府还会定期举办旅游科技创新大赛和论坛。这些活动不仅提供了一个展示新技术和新思想的平台，还促进了行业内外专家的交流和合作。通过这些论坛和大赛，参与者可以探讨最新的科研成果，挑战现有的技术限制，并为旅游产品创新提供全新的视角和解决方案。

总之，通过这些综合的技术创新与研发支持政策，政府不仅加速了旅游业的技术升级，也为企业提供了实现可持续发展和竞争优势的重要工具。这些政策最终将推动旅游业向更加智能化、个性化和环境友好的方向发展。

二、政策法规对特定旅游产品创新的影响分析

（一）生态旅游与可持续旅游产品

政策法规在生态旅游和可持续旅游产品的创新中扮演着不可或缺的角色。随着全

球环境保护意识的日益增强，各国政府采取了一系列创新性政策来推动生态友好和可持续旅游的发展，这些政策旨在实现旅游业的绿色转型和长期可持续发展。

例如，为了保护自然环境并促进生态旅游的发展，政府可能会设立专门的资金来支持国家公园或自然保护区的建设和维护。这些资金不仅用于保护生态多样性，还用于改善旅游基础设施，使之更加环保，并提高游客的访问质量。此外，实施严格的环境影响评估程序，确保任何旅游活动在进行前都不会对自然生态造成不可逆转的破坏，是另一个关键措施。这些评估帮助政府和企业识别潜在的环境风险，从而采取预防措施以保护自然资源和生物多样性。

政府还可能推行一系列认证程序，鼓励旅游企业采纳可持续旅游实践。这些认证程序通常包括对使用可再生能源、节水和减少废物的旅游实践的认可。通过这些认证，旅游企业不仅能提升其市场竞争力，还能向消费者展示其环保承诺，增加消费者对其服务的信任和满意度。例如，一个旅游度假区通过使用太阳能发电和雨水收集系统来减少对传统能源和水资源的依赖，可能会获得绿色旅游认证，这样的认证可以作为其可持续实践的证明，吸引更多寻求生态友好旅游体验的游客。

此外，这些政策不仅保护了环境，还为游客提供了参与保护自然和体验真正未受污染环境的机会。通过这些政策的实施，不仅增强了游客的环保意识，还促进了生态旅游产品的创新和多样化。这种政策驱动的创新使得旅游产品更加丰富，包括生态摄影旅游、野生动物观察和自然体验活动等，这些都极大丰富了旅游市场，满足了不同游客对高质量旅游体验的需求。

（二）文化和历史旅游产品的创新

文化和历史旅游产品的创新，在很大程度上依赖于政策法规的支持和推动。政府对文化遗产的保护和历史地区的规划不仅维护了文化的连续性和完整性，也为旅游业提供了丰富的资源和创新的契机。

首先，政府通过修订文化遗产保护法律，加强对历史文化遗址的保护。这些法律的更新通常包括更严格的保护措施和更明确的管理规定，确保历史遗迹得到合理利用和恰当维护。此外，实施历史地区保护规划，旨在保持历史地区的原貌和文化特色，同时合理规划旅游开发活动，以避免过度商业化破坏原有文化氛围。

政府还鼓励采用现代科技手段来恢复和展示历史遗迹，例如，通过3D重建技术可以让受损的文化遗产"复活"，为游客提供更为直观和生动的历史体验。多媒体互动展示技术的使用，如虚拟现实（VR）或增强现实（AR），使得游客能够通过更加沉浸式的方式了解历史文化，这不仅增强了游客体验，也有助于文化传承。

除此之外，政府可能提供资助支持地方节庆活动或传统工艺复兴项目。地方节庆活动如传统节日庆典、民间艺术展演等，不仅丰富了旅游产品，也活跃了地方文化生活，增强了社区的文化自豪感。对传统工艺的复兴资助，如手工艺制作、民族服饰制作等，不仅保存了濒临失传的技艺，也为当地创造了就业机会和经济收益。

这些政策的实施，不仅有助于文化旅游产品的创新和多样化，还促进了当地社区的经济和社会发展。通过吸引国内外游客，地方文化得到广泛传播与认可，同时也带动了地区经济的提升。因此，政府对文化和历史旅游产品的创新支持，实际上是在进行一种文化和经济的双赢战略。

（三）科技应用于旅游产品的实例（如虚拟现实、增强现实）

在科技应用于旅游产品创新方面，政策法规起到了至关重要的支持和引导作用。随着虚拟现实（VR）和增强现实（AR）等前沿科技在各行各业的广泛应用，旅游行业也正在经历一场由科技驱动的变革。政府的介入通过提供必要的研发资金、税收优惠或建立科技创新中心等方式，极大地促进了这些技术在旅游领域的探索和应用。

例如，政府可能会提供资金支持开发基于 VR 的旅游体验项目，这类项目允许不能亲临现场的游客通过 VR 设备，体验到仿佛置身于目的地的沉浸式感受。[1] 这种技术的应用特别适合受那些身体条件限制、时间不便或因经济原因无法实地旅游的人群。通过 VR 技术，用户可以虚拟访问世界各地的名胜古迹，从而拓宽了旅游业的服务范围和客户基础。

同时，AR 技术的引入能够增强实地旅游的体验。通过智能手机或 AR 眼镜，游客可以在参观历史遗址时看到历史场景的数字化复原，甚至与之互动。这不仅使旅游体验更加生动有趣，也有助于教育和文化传承。例如，游客在参观罗马斗兽场时，能够通过 AR 技术看到古罗马时期的斗兽场全盛时期的景象，增加了教育性和娱乐性。

政府对这些技术的支持不仅仅体现在财政资助上，还包括制定相应的法规和标准来确保技术应用的安全可靠，以及保护消费者权益。这包括确保数据的安全性和隐私保护，以及制定技术应用的行业标准，避免由于技术不成熟带来的消费者体验不佳或安全风险。

此外，政府的政策还鼓励创新思维的跨行业合作，比如旅游业与信息技术、媒体制作等行业的合作，共同开发新的旅游产品和服务。这样的跨界合作不仅为旅游市场开辟了新的产品线和收入渠道，也推动了旅游业的整体升级和持续发展。

---

[1] 赵晖. 主题文化旅游项目策划基于 VR 推演性价值设计研究［D］. 江西师范大学，2020.

通过这些综合措施，政府确保了科技在旅游行业中的健康发展，同时为企业提供了稳定的发展环境，为消费者带来了更安全、更丰富、更个性化的旅游体验。这种由政策驱动的科技应用，不仅改善了旅游体验，更是推动了旅游业经济的创新增长。

总的来说，政策法规在生态旅游、文化和历史旅游以及科技应用于旅游产品的创新中扮演了至关重要的角色，不仅通过直接的财政和政策支持推动创新，还通过设立规范和标准确保这些创新活动的质量和可持续发展。

第三节　政策法规对旅游企业发展的影响

政策法规是塑造旅游行业运作方式和商业行为的基石。旅游业从业者必须遵循国家和地方层面的政策法规，这些规定涉及许可证办理、税务管理、消费者保护、环境保护等多个方面。有效的政策法规不仅确保了市场的公平竞争，还保护了旅游资源，确保可持续利用这些资源。例如，环境保护法规防止了自然景观的过度开发，而消费者保护法则确保游客权益不受侵害。这些政策法规在维持行业标准和引导旅游业向更高质量、更可持续的方向发展中发挥着关键作用。

政策环境直接影响旅游企业的战略规划和决策过程。政府的政策如税收优惠、投资激励措施、新的法律规定等都可能成为推动企业增长或需要应对的挑战的因素。例如，政府可能通过减免税收、提供研发补贴等方式激励企业投资新的旅游技术和服务模式，从而推动行业创新。反之，新的法规如增加旅游业的监管强度或提高环保标准，虽然提升了行业整体水平，但也可能要求企业调整现有运营模式，增加其经营成本。因此，旅游企业在制定长远发展战略时，必须仔细分析政策环境，预测政策变动对业务可能产生的影响，并制定灵活的应对策略以维持竞争力和盈利能力。这种对政策环境的敏感度和应对能力，是企业能否在动态市场中保持领先地位的关键因素。

一、政策法规对旅游企业运营的直接影响

（一）营业执照和操作许可的法规要求

对于旅游企业而言，获取营业执照和各类操作许可是其合法运营的前提。这些法规要求确保企业在开展业务前满足特定的标准，包括安全、卫生、消防以及服务质量等方面。例如，旅游住宿设施需要符合地方政府的卫生和安全标准才能获得营业执照。同时，旅游向导和运输服务也须获得相关部门的许可证，这些证件通常需要定期更新，

并且可能涉及定期的质量审查和合规检查。这些规定帮助维持行业标准,保护消费者安全,同时提升服务质量。

(二)税收政策:税率调整、税收优惠和减免

税收政策直接影响旅游企业的财务状况和投资决策。政府通过调整税率、提供税收优惠或减免来激励企业扩大投资、创新服务或采用环保措施。例如,对于采取节能减排措施的旅游企业,政府可能提供税收减免作为奖励。此外,对于在偏远地区投资或促进文化遗产保护的项目,政府也可能提供额外的税收激励措施,以此促进地区经济发展和文化保护。

(三)劳动法规:员工权利、工资标准和工作条件

旅游企业必须遵守劳动法规,确保员工权益得到保障。这包括支付合法工资、提供必要的工作条件以及确保工作环境的安全。例如,劳动法规定企业必须为员工提供健康和安全的工作环境,防止过度劳累和职业病的发生。这些法规帮助确保员工满意度和忠诚度,从而直接影响到服务质量和客户满意度。

(四)环保法规:可持续旅游实践的法律要求

为了推动可持续旅游,环保法规对旅游企业的运营活动提出了具体要求。这些要求可能涉及废物处理、资源使用效率、野生动植物保护以及对自然和文化遗产的保护措施。例如,某些地区可能禁止在生态敏感区域内进行建筑活动,或者要求企业采取措施减少游客对环境的影响。遵守这些法规不仅有助于保护旅游目的地的自然和文化资源,也为企业赢得了公众的信任和支持,增强了品牌形象和市场竞争力。

二、政策法规对旅游企业市场策略的影响

(一)市场准入政策:对国内外企业的影响

市场准入政策定义了哪些企业可以进入旅游市场,以及它们的经营范围。这些政策可能包括特定的许可要求、资本门槛和对外资企业的限制。例如,某些国家可能对外国直接投资有限制,要求外国企业与本地企业合资经营,或者限定外资持股比例。这些政策直接影响了国内外企业的策略布局,企业必须根据这些政策调整其市场进入策略和投资决策,以确保符合当地法规并能顺利运营。

(二) 竞争法和反垄断政策：确保市场公平竞争

竞争法和反垄断政策旨在维护市场秩序，保证所有企业都在一个公平的竞争环境中运作。这些政策防止了市场上的滥用市场支配地位行为，禁止不公平的贸易行为如价格垄断、串谋定价和排他性交易。对旅游企业而言，理解和遵守这些法律是避免法律风险和高额罚款的关键。此外，这些政策也鼓励企业创新和提高服务质量，以在市场上保持竞争力。

(三) 广告和促销活动的法律限制

广告和促销是旅游企业吸引客户的重要手段。然而，这些活动受到诸多法律的约束，目的是确保广告内容的真实性和合法性，防止误导消费者。法规可能限制广告中可以使用的语言和图像，要求所有的声明都必须是可以验证的，并且必须明确标示促销条件和限制。这些规定要求企业在设计市场活动时必须进行仔细的法律审查，确保所有的广告和促销活动都符合相关法律和行业规范。

(四) 国际合作与外交政策的影响：跨国旅游企业的运作

国际合作和外交政策可以极大地影响跨国旅游企业的运作。例如，双边和多边旅游协议可以促进签证便利化，增加航班数量，促进旅游交流。外交关系的改善或恶化也直接影响到旅游流动和市场开发。旅游企业需要密切关注国际政治经济形势和外交政策动态，以便更好地调整其国际市场战略，抓住机遇或应对挑战。例如，在国际关系稳定的背景下，企业可能会增加对某一国家或地区的投资，或者在冲突和不稳定情况下重新评估其在该地区的业务布局。

综上所述，政策法规对旅游企业的市场策略有着深远的影响，企业在制定市场策略时必须充分考虑这些因素，以确保合规并有效地利用政策环境优势。

三、政策法规对旅游企业创新与技术应用的影响

(一) 政府对创新和技术投资的激励措施

政府通常通过提供税收优惠、补贴、研发资助等方式激励企业进行技术创新和投资。在旅游业，这些措施尤为重要，因为它们鼓励企业开发新的旅游产品、服务和技术，以提高竞争力和吸引力。例如，一些政策可能提供针对旅游技术创新的专项资金，如智能导览系统的开发、虚拟现实（VR）旅游体验的创造，或者是对环境友好型旅

游实践的研究与实施。这些激励措施不仅降低了企业探索新技术的经济风险,也加速了技术在旅游业的应用与普及。

(二) 知识产权法:保护旅游企业的创新和独特服务

知识产权法是创新保护的重要法律工具,它保护企业对其创新和独特服务的投资。在旅游行业中,知识产权保护可以包括商标、版权和专利。例如,一个旅游企业可能开发了一种独特的旅游管理软件,通过版权和/或专利保护,该企业可以确保对其技术的独家使用权,防止竞争对手无授权使用。此外,通过注册商标,企业可以保护品牌标识、口号和标志,这些都是提升市场识别度和消费者信任的重要元素。知识产权的有效管理和保护,使企业能够安全地投资于创新,增加了商业模式和产品的市场持久性。

(三) 数字化转型支持政策:促进在线旅游服务和电子商务

随着科技的进步,数字化转型已成为旅游业发展的关键。政府的支持政策在这一过程中发挥着至关重要的作用。这些政策可能包括提供资金支持在线平台的建设、优化网络基础设施、鼓励数据共享以及保护在线交易安全等。例如,政府可能会提供补助,帮助小型旅游企业建立在线预订系统,或者支持企业通过提供训练和技术支持来采用电子商务解决方案。这些政策不仅促进了旅游服务的可接触性和便利性,也帮助企业拓展到新的市场领域,如通过社交媒体营销和移动应用增强客户服务和体验。

总之,政策法规在旅游企业的创新与技术应用中起到了推动和保护的双重作用。通过激励措施、知识产权保护和数字化支持政策,政府不仅助力企业增强其技术能力和创新潜力,还为企业提供了一个稳定和可预测的经营环境。这些政策确保了旅游企业能够持续地投入资源于新技术和服务的开发,从而推动整个旅游行业的高质量发展。

第四章 旅游政策与法规和旅游资源保护

第一节 旅游资源保护的政策与法规框架

旅游资源保护在全球和国家层面上具有极其重要的地位。从国际视角看，随着全球化的推进和国际旅游的增加，对环境可持续性的需求日益增长。联合国世界旅游组织等国际机构强调，保护旅游资源是实现旅游业可持续发展的关键。此外，许多国家将旅游资源保护纳入国家发展战略，制定了一系列法律法规来保护和合理利用这些资源，以确保它们能够为未来几代人服务。

旅游资源的保护对经济、环境和社会文化具有深远的影响。经济上，旅游资源的保护有助于维护旅游目的地的吸引力，促进旅游消费，增加就业机会，从而推动地区经济发展。在环境方面，旅游资源的科学管理和保护有助于维持生态平衡，防止因过度开发导致的环境退化。社会文化层面，旅游资源的保护帮助保存文化遗产和促进文化多样性，增强地区身份认同感和社区的凝聚力。因此，旅游资源的保护不仅是环境保护的需要，也是社会经济发展的重要条件。

一、国际法律框架与条约

（一）主要国际条约概述

在全球层面，多个国际条约和公约为旅游资源的保护提供了法律框架和指导原则。两个最重要的公约包括《生物多样性公约》和《世界自然与文化遗产保护公约》。

《生物多样性公约》（Convention on Biological Diversity，CBD），1992年在巴西里约热内卢地球峰会上通过，旨在保护全球的生物多样性，确保其可持续利用，并公平合理地分享由生物资源带来的利益。这个公约强调了生态系统、物种和遗传资源保护的重要性，对旅游业来说，它鼓励实施可持续旅游策略，这些策略需与当地生物多样性保护目标相协调。

《世界自然与文化遗产保护公约》(Convention Concerning the Protection of the World Cultural and Natural Heritage)，1972年通过，旨在保护具有"世界级"重要性的文化和自然遗产。根据这一公约，成员国必须识别、保护、保存、宣传以及传承属于自己国家的文化和自然遗产。这对旅游资源的保护尤为重要，因为很多受保护的遗址都是主要的旅游景点。

（二）国际法律对成员国旅游资源保护的影响

国际法律和公约对成员国在旅游资源保护方面产生了深远的影响。

首先，这些国际法律框架要求成员国实施国内法律以符合国际标准，这促使国家政府制定和修改现有法律，以确保旅游资源得到有效保护。

例如，通过实施《世界自然与文化遗产保护公约》，各国政府需要将世界遗产名录中的地点纳入其国家法律保护范围，这不仅增加了这些地点的法律保护级别，也增强了公众对这些珍贵资源重要性的认识。此外，这些公约通常还会引入国际监管和协作机制，如世界遗产委员会的定期评估，确保成员国遵守保护承诺。

此外，国际条约的实施也促进了跨国合作，通过分享最佳保护实践和技术支持，帮助国家提高旅游资源保护的技术和管理水平。这种国际合作不仅限于政府间的互动，还包括非政府组织、民间社会和私营部门的参与，共同推动全球旅游资源的可持续发展。

总之，国际法律框架和条约在引导和支持成员国有效保护旅游资源方面发挥了关键作用，既提高了法律保护的标准，也促进了国际合作与技术交流，最终推动了旅游业的高质量和可持续发展。

二、旅游资源保护的国家法律框架构建

（一）国家层面的法律政策

在旅游资源保护方面，国家级法律政策发挥着至关重要的作用。作为旅游业健康可持续发展的法律保障，《中华人民共和国旅游法》和《中华人民共和国环境保护法》等法律文件在中国扮演着核心角色。

旅游法不仅规定了旅游业的发展方向，还明确了管理的基本原则，确立了旅游资源开发与利用的法律框架。这部法律详细描述了旅游资源的合理开发与保护措施，指明了旅游活动中各方的权利和义务，以及违法行为的法律后果，确保旅游业的发展不损害自然资源和文化遗产。例如，法律中可能包括对特定自然景观或文化地标的保护措施，限制过度商业化以保持景区的自然和文化特性。

环境保护法则从更广的角度出发，重点保护整体自然环境和生态平衡。该法律覆盖了从水质保护、空气质量控制到固体废物处理等多个方面，对旅游地的自然资源和生态环境的维护提供全面的法律支持。这些规定确保旅游开发活动不会对环境造成不可逆转的损害，促进了生态旅游和绿色旅游的实践。

这些法律的制定和实施，不仅提供了直接的法律支持，确保了旅游资源的有效保护和合理利用，还有助于提升公众对可持续旅游的认识和参与。通过教育和宣传，公众更加意识到环保的重要性和个人在旅游中应承担的环保责任，从而推动了旅游业的可持续发展。

此外，这些法律也为旅游政策制定者和业界提供了明确的指导和法律框架，使他们在规划和实施旅游项目时，能够兼顾经济效益和环境保护。政府机构因此能够更有效地监管和指导旅游市场，同时促进旅游业与环境保护的和谐共生。

总之，国家层面的法律政策是确保旅游资源得到可持续利用和保护的关键，它们不仅规范了旅游业的发展，还强化了公众对环境保护重要性的认识，对推动旅游业的长远发展起到了不可替代的作用。

（二）地方性法规与条例

地方政府在旅游资源保护中扮演着至关重要的角色。通过制定与本地实际情况紧密相连的法规和条例，地方政府能够对特定旅游资源进行更为精细和直接的管理和保护。这些地方性法规与条例通常专注于旅游资源的具体保护措施、利用限制，以及针对旅游业的地方监管，从而形成一个针对性和操作性强的法律执行框架。

例如，针对某些热门旅游城市的特定旅游景点，地方政府可能会根据景区的承载能力和保护需求，制定严格的保护条例。这些条例可能包括限制每日或每时段的游客数量，以防过度拥挤对自然景观或文化遗址造成损害。此外，也可能规定游客的具体行为，如禁止在特定区域野餐、露营或点火，禁止携带塑料包装物进入，以及其他可能对环境产生负面影响的活动。

这些地方性的规定不仅是对法律政策的具体化和补充，而且在实际操作中更能直接反映地方的特殊需求和紧急情况。例如，在面对突发的环境问题或保护区内特殊事件时，地方政府可以迅速调整或实施特定措施来应对，显示出地方性法规在灵活性和即时性方面的优势。

此外，地方条例还经常涉及旅游业的地方监管，比如对旅游企业的注册要求、运营标准以及与当地社区的互动等。这些规定帮助确保旅游活动不仅符合国家标准，更与地方的社会、经济和文化背景紧密结合，促进了当地社区的参与和受益。

通过这些综合的地方和国家法律的协同作用，形成了一个多层级的法律保护网络，不仅增强了法律的适应性和覆盖面，也确保了旅游资源的系统性保护和可持续利用。这种法律框架的存在，为旅游业的长期健康发展提供了坚实的基础，并帮助实现了环境保护与经济利益的平衡。

三、特定资源的法律保护

（一）自然资源保护

保护自然资源是旅游资源法律保护机制的核心内容。具体法律如《中华人民共和国野生动物保护法》和各类自然保护区条例针对自然景观及其生物多样性提供了法律保障。这些法律确立了自然资源的保护标准，规定了禁止破坏生态环境的活动，并对违法行为设定了处罚措施。例如，很多国家和地区对入侵其国家公园或保护区的非法活动，如非法狩猎、采集或破坏生态的行为，都有严厉的法律制裁，以确保自然景观和野生动植物得到有效保护。

（二）文化遗产保护

文化和历史遗址的保护也是旅游资源法律保护的重要方面。《中华人民共和国文物保护法》和《中华人民共和国非物质文化遗产法》等法律明确规定了文化遗产的保护措施和责任主体，包括实物保护和非物质文化遗产的传承。这些法律不仅规范了对历史建筑和考古遗址的维护，还涵盖了民俗、传统技艺等非物质文化遗产的保护，确保这些文化资源能够得到传承和普及，同时促进了基于文化遗产的旅游业的可持续发展。

（三）生态旅游的法律规范

生态旅游作为一种旅游模式，旨在促进对自然环境的保护并支持当地社区的发展。相关的法律规范通常涵盖了生态旅游活动的组织、管理和监督，包括确保活动不干扰野生动植物的自然栖息地，促进环境教育和当地社区的参与。例如，《中华人民共和国环境保护法》等法规中可能会包含专门针对生态旅游项目的环境影响评估程序和可持续管理的要求，确保生态旅游活动在不破坏自然环境的前提下进行。

这些特定资源的法律保护措施共同构成了全面的法律保障体系，不仅保护了自然和文化资源，还支持了与这些资源相关的旅游业务的可持续发展。通过实施这些法律，可以确保旅游资源的长期保护和合理利用，从而在保护自然和文化遗产的同时，促进旅游业的健康发展。

第二节 旅游资源保护的法律保障机制

一、国际法规与政策在旅游资源保护中的角色

国际法规与政策在全球范围内的旅游资源保护中扮演着至关重要的角色。随着全球化的加速和跨国旅游的增加，各国之间在环境保护和文化遗产保护方面的协作变得尤为重要。多个国际组织在这一领域内起到了桥梁和纽带的作用，推动了全球范围内的政策制定和实施。

联合国世界旅游组织（UNWTO）是推动全球旅游业可持续发展的主要国际机构。UNWTO不仅强调环境保护和文化遗产的重要性，还提供了政策指导和技术支持，帮助其成员国制定和实施有效的旅游保护策略。这些政策和指导原则涵盖了从旅游规划、环境影响评估到旅游活动的持续监测等多个方面。

世界自然基金会（WWF）通过其在全球的保护项目也发挥着重要作用。WWF专注于保护生物多样性丰富的关键自然环境，这些地区往往也是热门的旅游目的地。通过在生态旅游领域的积极工作，WWF不仅保护了自然环境，也提升了公众对生态保护的意识，推动了环保旅游的实践。

在国际层面，一些成功的旅游资源保护案例为全球提供了宝贵的经验和启示。例如，加拉帕戈斯群岛通过实施严格的访客管理和生态保护措施，有效地控制了旅游活动对其珍稀生态系统的影响。这些措施包括限制游客数量、规定特定的访问路径以及实施严格的生态监测和教育项目。

肯尼亚的马赛马拉国家保护区则是通过与当地社区合作，实现了野生动物保护与社区发展的双赢策略的一个典型例子。该保护区通过提供就业机会、支持当地教育和卫生项目，以及分享旅游收入，增强了社区成员对野生动物保护工作的支持。这种模式不仅提升了当地居民的生活质量，也为游客提供了独特而负责任的生态旅游体验。

这些案例表明，有效的国际合作和周密的政策设计是保护旅游资源并实现其可持续利用的关键。通过国际组织的领导和支持，结合地方政府和社区的积极参与，可以构建起一个全球性的、多层次的旅游资源保护网络，确保旅游业的长远发展，同时保护和尊重自然和文化遗产。

二、国家级政策与法规

(一) 国家立法框架与保护旅游资源的法律体系

国家级的法律框架是保护旅游资源的基石，它为资源保护提供了必要的法律依据和制度保障。各国根据自身的地理、文化和经济特点制定相关法律，从而确保旅游资源得到有效管理和保护。例如，很多国家制定了旨在保护国家公园和自然保护区的法律，确保这些自然和文化遗产不受不当经济活动的破坏。此外，这些法律还往往包括对旅游活动进行监管的条款，确保旅游发展与环境保护之间的平衡。

例如，《中华人民共和国旅游法》规定了旅游活动中应遵守的基本原则、旅游经营者和旅游者的权利与义务，以及旅游纠纷的处理机制。这些条款的设立旨在保护消费者权益，促进旅游市场的健康发展，并提升旅游服务质量。另外，如《中华人民共和国自然保护区条例》则具体规定了自然保护区的划定、管理以及保护措施，对于保持生物多样性、保护珍稀濒危物种和维护生态平衡具有重要意义。

(二) 政府部门在资源保护中的责任与职能

在旅游资源保护的过程中，不同政府部门的责任与职能至关重要。这些部门根据其专业领域的职责，各司其职，共同确保旅游资源的持续利用与保护。

环境保护部门在这一体系中起着核心的作用。该部门负责制定和执行环境保护的政策和法规，以监管旅游业中可能产生的环境问题。例如，环保部门会对旅游地的污水处理、垃圾处理以及自然资源的利用进行监督和管理，确保旅游活动不会对生态系统造成不可逆的损害。此外，该部门还负责评估新的旅游项目对环境的影响，确保所有的旅游开发项目都在可持续的前提下进行。

文化部门则专注于文化遗产的保护和修复工作。这包括传统建筑、历史遗迹、艺术作品以及非物质文化遗产的保护。文化部门的工作确保这些宝贵的文化资源在旅游开发和运营过程中得到尊重和保护，不被商业化过程破坏。文化部门通常还会与教育机构合作，提升公众对保护文化遗产重要性的认识，并通过各种文化活动吸引游客，增强文化旅游的吸引力。

旅游部门的职能则更偏重协调和监督。该部门需要在确保旅游资源可持续使用的同时，推动旅游业的合法经营。旅游部门通常负责制定旅游发展战略，提升旅游服务质量，以及促进国内外旅游市场的发展。此外，旅游部门还需与环境保护和文化部门密切合作，确保旅游开发活动符合环保和文化保护的规定。

这种跨部门的合作对于保证旅游资源得到有效保护和合理利用至关重要。通过设立明确的责任分工和协作机制，各部门可以更有效地实施旅游资源保护政策。这种协调合作不仅能够解决部门间的政策冲突，还能整合资源，提升政策执行的效率和效果，从而促进旅游业的健康和高质量发展。通过这些机制，政府可以确保旅游发展的每一个环节都符合国家的可持续发展目标，为未来的旅游业留下宝贵的自然和文化资产。

三、地方政策与实践

地方政府在旅游资源保护中的作用主要体现在执行国家级政策的同时，结合地方实际情况进行具体实施。地方政府通常需要将国家法规和政策细化，制订更具体的执行规则和程序，以适应当地的环境和文化特点。例如，一个拥有丰富自然景观的地区可能需要制定特别的环境保护措施，以防止过度旅游带来的破坏。此外，地方政府还需要通过教育和宣传活动，提高公众对旅游资源保护重要性的认识，从而获得社区的支持和参与。

一些地方政府在旅游资源保护方面采取了成功的策略，值得借鉴。例如，某地方政府可能通过建立公园巡逻队、设置生态旅游区和限制游客数量来保护当地的自然资源。这些措施有助于减少环境破坏，同时为当地社区提供经济收入。然而，这些成功案例也面临诸多挑战，如资金不足、法规执行力度不够以及需要平衡经济发展和资源保护的矛盾等。

地方政府在旅游资源保护中的创新实践包括引入新的技术手段监测资源使用情况，或者开发应用程序以提高旅游管理效率和游客满意度。社区参与模式的成功关键在于激发当地社区的积极性，使其成为旅游资源保护的主动参与者而非被动受益者。例如，一些地区通过成立社区基金，让当地居民直接从旅游收入中受益，增强了他们保护环境的积极性。此外，地方政府还可以通过教育培训提升当地居民的服务技能，使他们能够在旅游业中找到就业机会，从而减少对环境资源的压力。

通过这些地方政策和实践，旅游资源的保护可以更加贴近实际需要，同时增强政策的可持续性和效果，为旅游业的高质量发展提供坚实的基础。

四、社区参与和民间组织的作用

（一）社区在资源保护中的激励机制和作用

社区参与在旅游资源保护中扮演着至关重要的角色，尤其是在地方政府和保护机构努力维护自然资源的过程中。通过制定各种激励机制，如共享旅游收益、提供就业机会，以及提升社区居民的生活水平，可以有效地激发社区成员对环境保护的热情和责任感。

例如，一些地区通过实施生态旅游计划，将旅游收入的一部分直接用于支持社区的基础设施建设和教育项目。这样的安排使得社区居民不仅成为旅游发展的直接受益者，而且也转变为环境保护的积极参与者。在这种模式下，社区居民可以看到他们保护环境的直接经济回报，这增强了他们维护这些资源的动力。

此外，提供就业机会也是一种有效的激励机制。许多保护区和旅游项目优先雇佣当地居民，为他们提供导游、管理保护区或参与旅游服务等工作。这不仅有助于降低当地的失业率，也帮助居民从经济上受益，增强了他们保护本地自然资源的意愿。这种就业机会通常伴随着培训和教育项目，提高了居民对环境保护重要性的认知和他们在旅游业中的专业技能。

社区居民的生活水平提升，例如通过改善住房条件、医疗设施和教育质量，同样可以促进他们对环境保护的积极参与。当社区居民的基本需求得到满足，他们更有可能关注长期的环境保护议题，并支持可持续旅游的发展。

通过这种多方面的激励机制，社区参与成为旅游资源保护策略的核心部分。这种从下至上的参与方式不仅使环境保护工作更为有效，也帮助确保了旅游活动的可持续性，因为当地社区最了解如何管理和保护他们自己的环境资源。因此，积极的社区参与不仅有利于资源保护，也是推动地区经济发展的关键因素。

（二）民间组织在旅游资源保护中的影响力和贡献

民间组织在推动旅游资源保护方面的影响力和贡献不容小觑。这些组织不仅具备更灵活的运作机制，还拥有专业的知识和国际网络，使其在环境保护的实际操作和政策倡导上发挥着领导作用。

例如，世界自然基金会（WWF）和国际自然保护联盟（IUCN）等组织在全球范围内都有显著的活动和影响力。这些组织不仅推广生态旅游和可持续旅游实践，而且还致力于结合当地社区的具体情况，制定符合地方特色的保护方案。通过提供技术支持和资金帮助，这些国际组织帮助实施当地的环境保护项目，不仅增强了这些地区的自然保护能力，还促进了经济与社会的可持续发展。

此外，民间组织在开展环境教育项目方面具有独特的优势。它们通过举办研讨会、教育活动和媒体宣传，增强了公众对旅游资源保护重要性的认识。这种教育不仅限于增强公众意识，还包括对政策制定者的指导，提供研究和数据支持，帮助他们制定更为有效的环境政策。

民间组织还经常参与具体的环境研究和保护活动,如生物多样性调查、环境影响评估和生态恢复项目。这些活动不仅为科学研究贡献了宝贵数据,也直接影响了保护区和生态旅游地的管理策略。通过这些具体的项目执行,民间组织帮助保护了多个关键生态系统,为当地及全球的生物多样性保护作出了实质性贡献。

同时,民间组织在推动政策改进和实施方面发挥了桥梁和催化剂的作用。它们通过与政府部门的合作,以及通过公众动员和媒体工作,推动了许多关键的环保法律和政策的制定和改革。这些努力不仅增强了法律框架,也为可持续旅游的实践创造了更有利的环境。

综上所述,民间组织通过其灵活的运作、专业知识和广泛的国际网络,在全球旅游资源保护中扮演了不可替代的角色。这些组织的工作不仅对保护自然环境至关重要,也对推动全球旅游业的可持续发展发挥了重要作用。

第三节　政策与法规在生态旅游中的应用

生态旅游对可持续发展的贡献是多方面的。

首先,它促进了环境保护和生物多样性的保存,因为生态旅游的营利依赖于未受破坏的自然环境。

其次,生态旅游支持当地社区通过直接参与管理和从中获益,这增强了社区的经济独立性和财务安全。此外,生态旅游还通过教育和意识提升活动,加强游客对环境保护和文化遗产重要性的理解。政策在塑造和支持生态旅游方面扮演着关键角色。通过制定支持环境保护和社区发展的政策,政府可以为生态旅游创造有利的发展环境。例如,通过制定严格的环境保护法规,限制特定区域的访问量,以及提供财政激励措施以支持低影响旅游实践。此外,政策还能够通过教育和宣传活动,提升公众对生态旅游和可持续旅游实践的意识。总之,政策的制定和执行直接影响生态旅游的可持续性和有效性。

一、生态旅游中的管理与实践

(一)管理机构的角色和职责

生态旅游的有效管理不仅需要精心的策略和政策,也依赖于专门的机构来执行这些政策。这些管理机构的职责是监管、规划并推广可持续的旅游实践，确保旅游活动与环境保护和社区福祉的目标相协调。

管理机构通常包括国家或地方政府的文旅局、环境保护机构，以及可能参与的非政府组织。这些机构在生态旅游的管理中扮演着多方面的角色：

（1）政策制定和实施

这些机构负责制定生态旅游相关的政策和法规。这包括设定环境标准、旅游活动的许可条件，以及监控和评估生态影响的方法。他们还需要制定应对策略，比如如何处理由旅游活动引起的生态破坏。

（2）监管与合规性

管理机构需确保所有旅游活动遵守国家和地方的环保法律。这包括监督旅游开发项目，确保它们在环境影响评估中的合规性，并执行相关的环境保护措施。

（3）社区与利益相关者的协作

成功的生态旅游项目需要地方社区的参与和支持。管理机构需与地方社区、企业和其他利益相关者合作，共同推动旅游项目，确保旅游收益能够支持当地经济发展，同时保护和促进当地文化和自然资源的可持续利用。

（4）教育和宣传

管理机构也负责教育公众和旅游从业者关于生态旅游的重要性和实践。这包括举办培训工作坊，发布指导手册，以及通过媒体和公共活动推广生态旅游的最佳实践。

（5）监测和评估

为了持续改进生态旅游实践和政策，管理机构还需要进行定期的监测和评估活动。这些活动帮助机构理解旅游活动对环境和社区的实际影响，并调整政策以应对新的挑战和机遇。

通过上述职能，管理机构确保生态旅游活动能够在不损害环境的前提下进行，同时促进社区的可持续发展和自然资源的保护。这些机构的工作确保了生态旅游不仅仅是一种旅游形式，更是推动环境保护和社会经济发展的重要工具。

（二）生态旅游区的规划、管理和监控方法

有效的生态旅游策略依赖于精心的规划、严格的管理，以及持续的监控，这些措施旨在保护环境的原貌并最小化旅游活动的负面影响。对于生态旅游区的规划和管理，需要采取一系列综合措施，确保可持续性与生态敏感性。

1. 规划阶段

在规划生态旅游区时，首先需要进行全面的环境影响评估，以确定旅游活动对特

定区域可能造成的影响。此外，规划者需要考虑旅游容量，即该区域可以承载的游客数量，而不对自然资源造成不可逆损害。这通常涉及对访客流量和活动类型的限制，以防区域过度拥挤导致的生态破坏。

访客管理策略也是规划中的关键部分，它涵盖了访问控制、路径和设施布局优化，以及对敏感区域的特别保护措施。例如，可以设立缓冲区来保护生态敏感区，或者设计单向游览路线以减少对生态的干扰。

2. 管理策略

生态旅游区的管理策略包括设置访问限制，如实行预约制度或限制每日的访客人数，以控制和分散游客流。此外，引入环保教育项目对于提升游客的环境意识至关重要，这可以通过解说服务、信息牌和互动展览等方式实现。

开发低影响的旅游设施也是管理策略的一部分，比如使用可持续材料建造设施，设置生态厕所，或者建设隐蔽的步道来减少对环境的干预。这些设施应设计得既方便游客，又能保护自然环境，防止因人为活动而导致的生态退化。

3. 监控方法

持续的监控是确保生态旅游区可持续管理的关键。监控方法包括定期的环境和社会经济影响评估，这些评估帮助管理者了解旅游活动对环境和当地社区的实际影响，从而进行必要的政策调整。

科技手段的运用，如遥感和地理信息系统（GIS）技术，为实时监控生态变化和旅游影响提供了强大工具。通过这些技术，管理者可以获取准确的数据分析，及时发现问题并采取应对措施。

通过上述综合性的规划、管理和监控策略，生态旅游区可以实现真正的可持续发展，既满足游客的需求，又保护和尊重自然环境和当地文化。

（三）旅游活动的生态影响评估

生态影响评估是生态旅游管理不可或缺的一部分，它提供了一种系统的方法来预测和评估旅游活动对生态环境可能产生的影响。这种评估通常在项目启动前进行，目的是识别潜在的负面影响，并制定缓解措施。评估过程包括收集基线环境数据，预测可能的环境变化，评估这些变化对生物多样性、生态服务和地方社区的影响。此外，生态影响评估还应包括监测计划，以追踪实施后的环境状况和效果，确保持续的环境保护和资源管理。通过这些综合方法，生态旅游项目可以在不破坏自然资源的前提下，为当地社区带来经济和社会文化利益。

二、生态旅游的质量标准与认证

（一）质量认证：国家和国际标准在生态旅游中的应用

在生态旅游领域，质量认证通过应用国家和国际标准来确保旅游活动不仅符合高环保要求，而且达到可持续发展的标准。这些标准的制定和实施，如ISO 21401（旅游和相关服务—可持续管理系统—要求与使用指南），旨在全球范围内推广和实施统一的可持续旅游实践。

1. 国际标准的应用

ISO 21401 等国际标准为生态旅游业提供了一个框架，确保旅游活动在促进经济发展的同时，最大限度地减少对环境的影响，并对社区产生积极的社会效益。这些标准涵盖了从能源管理、废物管理到水资源保护等多个方面，要求旅游业者在操作过程中采取环境友好和资源节约的措施。

2. 国家标准和认证程序

除了国际标准，许多国家还制定了自己的生态旅游认证标准。这些标准通常更具体，针对本国的环境保护、社区发展和文化维护的需要进行定制。例如，某些国家的标准可能特别强调对生物多样性的保护，或者要求旅游企业支持当地文化项目和社区发展计划。

这些认证程序通常由国家的旅游部门或专门的环保机构管理，确保参与的企业满足既定的环境保护和社会责任标准。通过这种认证，旅游企业不仅能展示其对可持续旅游的承诺，还能在竞争日益激烈的旅游市场中获得认可和优势。

3. 认证的好处

应用这些标准的旅游目的地或服务提供商，可以显著提高其市场竞争力。认证标识作为一种质量保证，向消费者表明该目的地或企业遵循高标准的环保和社会责任实践。这不仅吸引了越来越多寻求可持续旅游体验的游客，还有助于建立目的地的良好声誉，促进长期的旅游业发展。

此外，这些标准的推广和实施还有助于提升整个行业的环保意识，推动更多的旅游相关企业采取可持续发展的策略。通过持续的环境和社会责任实践，旅游行业可以为保护全球的自然和文化遗产作出重要贡献，同时确保社区的利益得到真正的尊重和增长。

总之，国家和国际标准在生态旅游中的应用，不仅有助于保护自然和文化资源，还提高了旅游目的地的市场竞争力，为可持续旅游的未来奠定了坚实的基础。

(二) 生态旅游认证体系及意义

生态旅游认证体系在全球旅游行业中扮演着至关重要的角色。这种认证程序不仅是一种评估机制，而且是对那些达到特定环保和社会责任标准的旅游业务的认可。通过国际认知的认证体系，如 Green Globe、Ecotourism Australia 等，服务提供者可以向潜在消费者展示其承诺和成就，这些标准涉及环境保护、社区参与和文化尊重。

1. 认证程序的操作方式

生态旅游认证程序通常包含几个关键步骤：

首先是详细的申请过程，申请者需要提交有关其运营和管理实践的综合信息。随后是自评阶段，业务人员需对照一套给定的标准进行自我检查，准备相应的报告和证明文件。

之后，认证机构将派遣专家进行现场评估，这一步是确保申请材料的真实性和操作的合规性。评估人员会检查各种环保措施的实际应用情况，并与员工及管理层进行交谈，以全面了解企业的可持续实践。

最后，获得认证的企业将进入定期复审周期，以确保持续遵守标准。这些复审帮助确保企业不会因时间推移而降低标准，同时也鼓励它们在可持续旅游方面不断创新和改进。

2. 认证的重要性

从商业角度看，认证的重要性首先体现在品牌信誉的提升上。认证标志是一种质量保证，可以显著增加消费者的信任，使企业在竞争激烈的市场中脱颖而出。具有生态认证的旅游产品往往能吸引那些环保意识较强的游客，这部分游客通常也愿意为可持续的旅游体验支付更高的价格。

此外，这些认证程序还鼓励整个旅游行业提高运营的环境和社会标准。通过设定可达到的高标准，认证体系激励未认证的企业改进其环境保护措施和社会责任实践，从而推动整个行业朝着更可持续的方向发展。

最后，生态旅游认证还有助于保护目的地的自然资源和文化遗产。通过遵守严格的环境管理和社会参与准则，旅游业可以帮助维护它们经营活动所依赖的生态系统和社区，确保这些宝贵资源得到长期保护。

总之，生态旅游认证体系是推动旅游业可持续发展的关键工具，通过提升行业标准，增强消费者信任，并最终帮助保护和保存我们的自然和文化资产。

第五章　旅游政策与法规和旅游服务质量提升

第一节　服务质量提升的政策法规导向

服务质量在旅游业中定义为满足或超越游客期望的各项服务标准和体验。这不仅涵盖了旅游景点的接待服务，酒店住宿质量，餐饮体验，还包括向游客提供的信息服务和应急管理。在全球化竞争日益激烈的旅游市场中，优秀的服务质量成为吸引和保持游客的关键因素，直接影响到目的地的品牌形象和市场份额。高标准的服务质量能显著提升游客满意度，促进重复游览和正面口碑的传播，从而为旅游业带来持续的增长动力。

政策法规在提升旅游服务质量中发挥着至关重要的导向和监管作用。政府通过制定和实施一系列政策和法规来确保服务质量的标准化和统一性，防止市场中出现欺诈和低劣服务。这些政策可能包括制定服务最低标准、推行服务质量认证系统、进行定期的服务质量检查等。此外，政策的目的也在于通过提升整体服务水平，增强旅游业的国际竞争力，吸引更多的国内外游客。政府还可能通过提供培训补贴、税收优惠和技术支持等措施，激励企业提升服务标准，促进服务质量的整体提升。

一、现有政策法规框架分析

（一）国际服务质量标准及其对旅游业的影响

国际服务质量标准，如 ISO 9001（质量管理体系）和 ISO 10002（客户满意度和质量管理-投诉处理），为旅游业界提供了一套广泛认可的指导原则和操作框架，这些标准在全球范围内帮助旅游业设定了高标准和最佳实践。这些标准的实施对旅游业的发展和服务质量的提升具有深远的影响。

1. 标准化服务质量

ISO 9001 标准旨在帮助组织实现系统化的质量管理，确保提供一致的、符合客户和法规要求的服务。在旅游业，这意味着从酒店预订到游客服务，每一个环节都需遵循一定的质量标准，以保证服务的可靠性和高效性。这种标准化的服务质量管理不仅使服务更加专业，还确保了客户在全球任何地点接受服务时都能享受到相同标准的体验。

2. 提升客户满意度

ISO 10002 标准专注于客户满意度和质量管理，特别是投诉处理。对于旅游业而言，有效的投诉处理系统是维护客户信任和满意度的关键。这个标准帮助旅游服务提供者建立起一个透明、响应迅速的投诉处理机制，确保客户的问题和不满能够被及时解决。通过优化客户体验，旅游业可以减少负面口碑的影响，提升整体客户忠诚度。

3. 维护国际竞争力

在全球化的市场环境中，旅游服务提供者面临来自世界各地的激烈竞争。通过实施 ISO 国际标准，旅游企业不仅可以提升服务质量，还可以通过这些认证向潜在客户展示其服务质量的高标准。这种认证成为一种营销工具，增加了企业的品牌价值和市场吸引力。

4. 促进全球服务质量的统一性

这些国际标准的广泛应用还帮助统一了全球旅游业的服务质量标准，使服务质量具有了更好的可比较性。旅客无论前往世界任何角落，都能预期到符合国际标准的服务体验，这不仅提升了消费者的旅行体验，也推动了全球旅游业的整体水平向上。

综上所述，国际服务质量标准对旅游业的影响深远，不仅通过提高服务质量和客户满意度来直接影响旅游企业的业绩，也间接通过提升行业标准，促进了全球旅游业的健康可持续发展。

（二）国家层面的服务质量提升政策和法规

在国家层面上，各国政府通过制定和实施相关的法规和政策来确保旅游服务的质量，并保护消费者权益。这些法规通常包括旅游法、消费者权益保护法等，旨在通过法律手段维护一个公平且高标准的旅游市场环境。

1. 立法举措

例如，中国的旅游法是一个具体实例，它不仅规定了旅游服务提供者的义务，也明确了旅游者的权利。该法律包括对旅游合同、旅游安全、广告宣传及价格管理的详细规定，确保旅游服务的透明度和可靠性，从而保护消费者免受不公正或低标准服务的影响。通过设立明确的法律责任，提高了服务提供者对旅游质量的重视。

2. 服务标准和行业认证

除了法律制定，政府还会通过制定具体的服务标准来提升服务质量。这些标准涉及旅游设施、服务态度、环境保护、客户反馈处理等多个方面。通过强制性或推荐性的标准，旅游业务被激励去达到或超过这些预定的服务质量标准。

此外，政府常常推动行业认证计划，鼓励旅游企业参与自愿性认证。这些认证如星级酒店评定、绿色旅馆认证等，不仅提升了企业的服务质量，也提高了企业的市场竞争力和品牌形象。通过认证，企业可以向消费者证明其服务质量和业务可靠性，从而吸引更多的顾客。

3. 国际竞争力

通过这些政策和法规的实施，政府不仅提升了本国旅游业的整体服务水平，也增强了其国际竞争力。高质量的服务标准吸引国际游客，增强了旅游目的地的吸引力。同时，明确的消费者保护法规也构建了外国游客的信心，他们可以放心地享受旅游服务，知道他们的权益得到了保障。

综上所述，国家层面的服务质量提升政策和法规不仅确保了服务的高标准和消费者满意度，也通过提高国家旅游业的整体形象和竞争力，促进了旅游业的可持续发展和国际合作。这些措施表明，政府对提升旅游服务质量和保护消费者权益的承诺是全面且具有前瞻性的。

（三）地方政府实施的旅游服务质量提升措施

地方政府在提升旅游服务质量方面扮演着至关重要的角色，通过制定并执行具体的措施和项目来支持和监管旅游服务提供者。这些措施不仅提升了服务质量，还为当地旅游业的持续发展奠定了基础。

1. 培训程序的推行

地方政府通常会推出专门的培训程序，这些程序旨在提高当地旅游从业人员的专业技能和服务意识。培训内容可能包括客户服务、外语能力、地区文化和历史知识、环保意识以及急救技能等。通过这种系统化的培训，从业人员不仅能提升个人技能，还能更好地理解和传递当地的文化价值，从而提升整个旅游服务的质量和效率。

2. 旅游质量认证系统的实施

许多地方政府还实施了旅游质量认证系统，以鼓励和表彰那些达到高服务标准的企业。这些认证系统通常基于一系列细致的评估标准，涵盖服务质量、客户满意度、环境管理和社会责任等方面。获得认证的企业通常能获得市场上的优先地位，吸引更多寻求高质量服务的游客。

3. 信息发布系统的应用

为了增加服务质量的透明度和公众信任度,地方政府也会通过信息发布系统公开服务质量信息。这可以通过官方网站、社交媒体平台或其他电子公告系统实现,允许游客访问和评价服务质量。这种开放的信息共享机制不仅促进了消费者之间的互动,也迫使服务提供者维持甚至提升其服务标准。

4. 监管和支持措施

除了上述措施外,地方政府还会提供必要的监管和支持,确保旅游业的健康发展。监管措施包括定期检查、满意度调查和市场监测等,确保所有旅游服务活动均符合地方性法规和标准。同时,政府可能提供财政补助或技术支持,帮助小型企业和新兴企业提升服务质量,增强整个地区的旅游竞争力。

通过这些综合性的地方政府措施,不仅提升了服务质量,也促进了当地旅游业的持续发展和繁荣。这些政策和程序的实施有助于建立一个可持续、互利的旅游环境,增强当地社区的经济福祉,并在全球旅游市场中提升地区的吸引力。

二、政策法规对旅游服务提升的具体实施

(一) 服务标准化政策的制定与实施

服务标准化政策的制定与实施在确保旅游业服务质量方面扮演着至关重要的角色。通过这些政策,各级政府能够设定清晰的服务质量基准,确保旅游服务提供者在提供服务时遵循统一的高标准。

1. 制定服务标准

服务标准化政策通常包括一系列详细的服务质量要求,这些要求涵盖了从前台接待到客房服务的各个方面。例如,政府可能会制定具体的顾客服务协议,明确服务提供者在客户服务中应达到的最低标准,如响应时间、服务态度和问题解决效率等。此外,员工行为准则也是服务标准化的一部分,确保所有服务人员都有适当的职业培训,了解并实践良好的客户服务技巧和行业规范。

2. 应用国家或国际标准

许多政府还要求旅游服务提供者遵循国家或国际服务标准来操作。这些标准可能涉及服务流程、环境维护、设施管理等多个方面。例如,根据 ISO 9001 质量管理体系

的要求，旅游企业需要确立一个可持续的质量管理系统，定期进行内部审核并接受外部质量审查。这样的标准化操作确保服务提供者能持续提供高质量的服务，同时也使消费者能预期到一致的服务体验。

3. 确保设施和安全标准

服务标准化政策还涵盖了设施和安全标准，这对保证旅游者的安全和愉悦体验至关重要。政府通常会设定关于旅游设施的具体安全规范，比如消防安全、建筑安全以及紧急事件应对措施等。同时，设施的舒适性和功能性标准也被纳入考量，确保旅游设施不仅安全，还能提供令人满意的旅客体验。

4. 监管与执行

为了有效地监管这些标准的执行，政府机构通常会设立专门的监察队伍，定期检查旅游企业是否遵守标准化政策。违反标准的企业可能会面临罚款、业务暂停或其他法律后果。这种严格的监管机制不仅维护了行业的公平竞争，还提升了整个旅游行业的服务水平和信誉。

通过这些措施，服务标准化政策不仅提升了本国旅游业的整体服务水平，还增强了其国际竞争力。这些政策的实施有助于建立起一个高效、可信且持续发展的旅游服务体系，为国内外旅客提供安全、愉快和高质量的旅游体验。

（二）人员培训与能力提升政策

为了提升服务质量，政策制定者重视对旅游行业从业人员的持续培训和能力提升。这些政策旨在通过综合的教育和培训措施，确保旅游业工作人员不仅符合当前的行业标准，还能不断适应行业发展的需求。

1. 提供培训课程和资格认证

政府或相关机构通常会设立或支持培训课程，这些课程涵盖旅游行业所需的各种技能，如客户服务、多语言能力、文化敏感性训练以及特定技能如导游技术和餐饮服务。此外，资格认证程序也是提升服务标准的重要组成部分，通过这些认证，从业人员可以证明他们的专业技能和服务水平，增强消费者对服务质量的信心。

2. 持续教育计划

除了初级培训和资格认证，持续教育计划也是政策中的一部分。这些计划鼓励在职员工持续更新他们的知识和技能，应对旅游业快速变化的趋势和技术。例如，随着数字技术在旅游业的广泛应用，从业人员需要学习如何使用最新的在线预订系统、社交媒体管理以及电子支付系统。

3. 资金支持与合作开发课程

政府或相关机构可能会提供资金支持，特别是鼓励小型和中型旅游企业参与这些培训计划。这种支持可能以补贴、税收减免或直接的财政援助形式出现，降低培训成本，使更多企业能够负担得起高质量的员工培训。

此外，政府或行业协会常常与高等教育机构合作，共同开发符合行业需求的专门课程。这些课程不仅针对新入行的从业者，也适合希望提升现有技能的资深员工。这种合作通常能产生符合实际工作需求的教育内容，增加课程的实用性和针对性。

4. 培训的长远影响

通过这些综合的培训和教育政策，旅游从业人员能够不断提升他们的专业技能和服务质量。这不仅提高了客户满意度，也增强了旅游目的地的吸引力和竞争力。长远来看，这些政策有助于提升整个旅游行业的专业标准，为旅游业的可持续发展奠定坚实基础。

（三）技术与创新在服务提升中的政策支持

现代科技的发展已经极大地扩展了旅游服务的可能性，为提升游客体验提供了新的机会。政策法规的及时更新和适应，为技术和创新在旅游服务中的应用提供了重要支持。这些政策通常旨在鼓励和促进数字化转型，包括支持在线预订系统、虚拟现实（VR）旅游体验、移动应用程序的开发，以及其他数字工具的使用。

1. 支持数字化转型

政府通过推广和支持数字化转型，如在线预订系统，不仅简化了预订过程，还提高了效率和透明度，使消费者能够轻松地安排和自定义旅行。此外，虚拟现实（VR）技术的引入为用户提供了前所未有的交互体验，如通过 VR 头盔体验遥远或难以到达的目的地。这些技术的应用使旅游体验更加丰富和吸引人。

2. 政府激励措施

为了促进企业采纳这些先进技术，政府可能提供补贴或税收优惠。这些激励措施旨在降低企业尤其是中小型企业在技术投资上的初期成本。通过这样的支持，更多的旅游服务提供者能够引入先进的技术，从而在激烈的市场竞争中脱颖而出。

3. 数据驱动的服务定制和市场营销

政策也支持利用大数据和分析工具来改进服务定制和市场营销策略。通过收集和分析消费者数据，旅游企业可以更精准地了解客户偏好和行为，从而提供更加个性化的服务。这不仅提升了客户满意度，还增强了营销活动的有效性，使企业能够更有效地达到目标市场。

4. 整体行业提升

通过这些措施，旅游服务的质量和创新能力得到了有效提升。这不仅使单个企业受益，而且推动了整个旅游行业向高质量发展转型。高科技解决方案的引入有助于提高整个行业的服务标准，创新型的营销策略也为企业带来了更多的客户和更大的市场份额。

总之，政策法规的适时支持和更新，以及对技术和创新的鼓励，共同确保了旅游行业能够有效地适应快速变化的市场需求，提供高质量、高效率且响应性强的服务。这些措施不仅推动了旅游业的数字化进程，还为消费者提供了更多样化和个性化的旅游选择。

三、监管和评估机制

（一）服务质量监管体系的构建

建立一个有效的服务质量监管体系是确保旅游服务质量标准得以实施的关键。这一体系包括由政府部门或指定机构进行的定期检查，确保旅游企业遵守相关法律法规和服务标准。监管体系也可能包括对投诉的迅速响应和处理，以及对违规行为的处罚措施，从而保障消费者权益不受侵害。此外，该体系还应包括对旅游企业服务质量进行定期评审的程序，以识别服务中的不足，并推动持续改进。

（二）旅游服务质量评估标准与实施

旅游服务质量评估标准是监管体系的核心部分，它定义了旅游服务质量的具体要求和评价方法。这些标准可能基于国际或国内最佳实践，并根据具体的旅游领域进行定制，如酒店服务、导游服务和餐饮服务等。实施这些标准涉及对从业单位进行定期的自评和外部审核，以及采用顾客满意度调查等手段来收集服务质量数据。这些数据有助于旅游企业和监管机构了解服务提供的实际效果，从而对政策或服务进行必要的调整。

（三）政策执行的监督与评价机制

有效的政策执行需要一个健全的监督和评价机制。这一机制确保所有相关政策和法规得到正确实施，并评估其对旅游服务质量提升的影响。监督机制包括政府和第三方机构进行的定期和不定期检查，以及对政策执行情况的详细记录和报告。评价机制则涉及定期对政策效果进行评估，包括分析政策的实际成效、识别存在的问题和挑战，并根据评估结果调整或优化现有政策。这一过程中，公众和行业的反馈也被视为重要的参考，确保政策的透明性和公正性。通过这种方式，旅游行业的服务质量得以在政策和法规的引导下不断提升，从而更好地满足游客的需求和期待。

第二节 政策法规对旅游服务标准制定的作用

旅游服务标准是指为了确保旅游行业提供一致、可靠和高质量的服务而设定的一系列具体标准和规范。这些标准涵盖了旅游服务的各个方面，包括住宿、餐饮、导游服务、客户服务和安全措施等。服务标准的主要目的是为旅游者提供卓越和满意的旅游体验，通过确保服务质量的一致性来增加旅游者的信任和满意度。此外，旅游服务标准还有助于规范行业操作流程，提升服务效率和质量，从而吸引更多的游客，延长游客停留时间，提高旅游目的地的吸引力。

在竞争激烈的旅游市场中，服务标准是区分服务质量、确保游客满意度的关键因素。高质量的服务标准不仅能满足消费者的期望，还能促使消费者进行口口相传的推荐，这对旅游企业的品牌信誉和市场份额至关重要。此外，一致的服务标准有助于提升整个旅游业的专业形象，促进业界内部的公平竞争。通过实施国际认可的服务质量标准，旅游企业能够在全球范围内增强其竞争力，吸引国际游客，从而推动旅游业的持续健康发展。在这个过程中，政策和法规扮演着支持和引导的角色，通过制定和推广高标准来驱动整个行业向上提升，确保旅游服务的质量和安全，保护消费者权益，维护公正的市场竞争环境。

一、政策法规的角色与框架

（一）政策法规在旅游服务标准制定中的基本作用

政策法规在旅游服务标准的制定中起到了至关重要的基础性作用。

首先，它们为旅游行业设定了最低服务标准和质量保障，确保所有服务提供者达到一定的业务水平，以满足基本的消费者需求和安全要求。此外，政策法规还有助于建立一个公平的竞争环境，防止市场滥竽充数和不正当竞争行为，从而保护诚信经营的企业和消费者权益。通过实施和监管旅游服务标准，政府机构能够有效地推动行业持续改进和升级，引导企业投入更多资源于服务质量的提升，从而推动整个旅游行业的健康发展。

（二）国际与国内政策对旅游服务标准的影响

国际政策，如世界旅游组织（UNWTO）推荐的服务标准和指导原则，对全球旅游服务标准的制定具有广泛的影响力。这些国际标准和最佳实践提供了一个框架，帮助不同国家制定或改进本国的旅游服务标准，尤其是在提升服务质量、增强消费者保护以及促进可持续旅游实践方面。

在国内层面，各国政府通过制定具体的法律和政策来响应这些国际标准，并根据本国的实际情况和需求，制定相应的国家和地方标准。例如，许多国家都有自己的旅游法或消费者权益保护法，这些法律明确规定了旅游服务提供者应遵守的服务质量和安全标准。地方政府也会根据地区特色和旅游资源，制定专门的条例和指导政策，以确保旅游服务的地方特色和高标准得到保持和弘扬。

通过这种国际和国内政策的互动与衔接，旅游服务标准得以在全球范围内推广和实施，不仅提升了旅游体验的整体质量，也加强了全球旅游业的互联互通和共同发展。

二、国家层面的政策和法规

（一）国家对旅游服务标准的制定与监督

在国家层面，政府部门的角色对于旅游服务标准的制定和监督至关重要。通过一系列综合政策和法规的制定与执行，政府确保旅游服务提供者遵守国家法律，从而维护旅游市场的秩序，保护游客的权益，并促进旅游业的健康和持续发展。

1. 国家政策的制定

国家政策的制定涵盖了多个方面，其中包括服务质量管理、消费者保护、安全标准和环境保护。这些政策旨在创建一个公平竞争的市场环境，提升旅游服务的整体水平，同时保护环境免受旅游活动的不利影响。例如，服务质量管理政策可能规定旅游服务提供者必须持有相应的营业执照，并且定期接受服务质量评估。

2. 消费者保护

政府强调消费者保护以确保游客的权益得到充分保障。这包括确保游客在预订、消费和退款等环节中的权益不受侵害，以及在遇到问题时可以获取及时有效的帮助和赔偿。相关的法律还可能包含对虚假广告和欺诈行为的严格禁止，保护消费者不被误导和欺骗。

3. 安全标准和环境保护

安全标准是旅游服务标准中的重要组成部分，关系到游客的人身和财产安全。政府部门如公安、消防等机构负责制定和监督执行这些标准，包括但不限于交通安全、住宿安全和紧急事件应对。同时，环境保护政策确保旅游活动的可持续性，防止过度开发和资源破坏。

4. 监督和实施

政府相关部门，如文旅局、商务部、公安部和卫生部门等，根据各自的职能，不仅负责具体政策的制定，还负责这些政策的实施与监督。这包括定期的检查和评估，以确保旅游服务提供者严格遵守法律法规。违反规定的企业可能会受到罚款、业务暂停或其他法律后果，确保所有旅游相关活动均在法律框架内运行。

通过这些措施，国家对旅游服务标准的制定与监督不仅提升了国内旅游业的服务质量，也为国际游客提供了安全、可靠和高质量的旅游体验。这些政策的有效实施，最终将推动旅游业的整体进步和国家经济的发展。

（二）主要法规与政策的内容及其对旅游业的具体影响

国家级的主要法规对于旅游服务的规范和提升起到了关键的作用。这些法律，如旅游法、消费者权益保护法、食品安全法等，不仅定义了旅游服务的基本要求和操作标准，还保护了消费者的基本权益，确保了服务的透明度和公正性。

1. 法规的具体内容和影响

旅游法中的规定非常详尽，它明确了旅游经营者应遵守的服务标准和游客的权利。这包括强调旅游信息服务的透明度，确保旅游广告内容的真实性，以及保证旅游合同的公平性。这样的法律规定有助于防止误导性营销和不公平的商业行为，保护消费者权益，同时也促使旅游服务提供者提高自身的服务质量和诚信度。

消费者权益保护法则更广泛地保护了消费者在购买旅游服务时的合法权益，包括退款权、知情权和选择权等。这些规定确保消费者在遭遇服务不满时，能够获得适当的补救和保护。

食品安全法在旅游行业中同样至关重要，尤其是对于酒店和餐饮服务。该法规确保所有旅游目的地提供的食品安全符合国家标准，从而保护游客的健康，避免食品引起的健康危机。

2. 针对特定旅游形式的政策

除了这些广泛适用的法规外，特定的政策也被制定来针对特定旅游形式的需要，例如生态旅游和冒险旅游。这些政策包括安全标准和操作指南，确保这些活动的开展既刺激又安全。例如，在开展冒险旅游如攀岩或潜水时，操作指南确保所有活动都在专业指导下进行，使用的设备符合安全标准。

3. 法规和政策的广泛影响

这些政策和法规的实施对于提升旅游服务质量具有深远的影响。它们不仅提升了消费者的信任和满意度，还帮助维护了旅游市场的秩序，促进了行业的健康和可持续发展。此外，良好的法规环境增强了旅游目的地的吸引力和竞争力，使其在全球旅游市场中更具竞争优势。

总之，通过这些综合的法规和政策支持，国家不仅保护了消费者的权益，也推动了旅游业向更高质量、更高标准的方向发展，为国内外游客提供了更安全、更可靠、更高质量的旅游体验。这些努力最终促进了旅游业的整体繁荣和长远发展。

通过这些国家层面的法规与政策，政府能够确保旅游业在为游客提供高质量服务的同时，也能够在保护环境、尊重当地文化和社区发展的基础上实现可持续发展。这些政策的有效实施，需要政府、企业和消费者之间的密切合作与协调，共同推动旅游业朝向更高标准、更大规模的发展方向前进。

三、地方政府与地区特色服务标准

（一）地方政策法规推动旅游服务标准化

地方政府在推动旅游服务标准化方面扮演着关键角色，通过制定和执行与国家政策相协调的地方性法规和措施，确保旅游服务质量不仅满足全国标准，还能反映出地区的特色和需求。

1. 地方旅游条例的制定

地方政府通过制定具体的旅游条例来确保服务标准的统一性和适应性。这些条例通常包括详细的服务质量要求、环境保护措施以及游客安全规定，旨在创建一个安全、可靠、高效的旅游环境。通过这些地方性的法规，政府能够确保旅游活动的质量和持续性，同时保护和推广地区的自然和文化资源。

2. 服务质量监控体系

为了实施这些标准，地方政府会设立服务质量监控体系。这包括定期的业务审查、顾客满意度调查以及投诉处理机制。通过这些系统，政府能够监控旅游服务提供者的表现，确保他们遵守法规，并在必要时进行纠正或改进。此外，通过许可和认证程序，地方政府管理旅游业务，确保所有经营者都有合适的资质和标准。

4. 旅游服务质量认证标志

地方政府可能会设立旅游服务质量认证标志，奖励那些达到或超过特定服务标准的企业。这种认证不仅是对企业服务质量的认可，也是对其他从业者的激励，鼓励他们提升服务标准。认证标识还为消费者提供了选择服务提供者的参考，增加了市场的透明度。

5. 培训和发展项目

地方政府还会举办各种培训和发展项目，以提升旅游从业人员的专业技能和服务水平。这包括组织研讨会、工作坊，以及与高等教育机构和行业专家合作，提供专业培训和继续教育课程。这些项目帮助从业人员了解最新的行业动态、技术发展以及客户服务技巧，提升他们的职业能力和服务质量。

通过这些综合性的政策和措施，地方政府不仅提高了旅游服务的整体质量，而且增强了旅游目的地的吸引力和竞争力，有助于吸引更多的游客，推动当地经济和文化的发展。这些努力最终为提升整个旅游行业的标准和声誉作出了重要贡献。

（二）地区特色与定制服务标准的开发案例

地方政府在开发符合地区特色的定制服务标准方面的确展现出了创新性和前瞻性。通过深入挖掘和利用地方的文化、自然资源和历史遗产，地方政府能够创造出独具特色的旅游产品和服务，从而吸引更多的游客并增强区域旅游的吸引力。

地方政府常常开发一系列以地方文化为主题的旅游服务标准，以此突出和保护地区的独特文化和传统。例如，政府可能推出手工艺品制作体验，让游客有机会亲手制作当地的艺术品，如陶瓷、编织品或传统首饰。这不仅为游客提供了一种互动的旅游体验，也帮助传承和展示了地区的工艺传统。

同样，传统美食烹饪课程可以让游客深入了解地方的饮食文化，学习如何准备和品尝当地的特色菜肴。通过这种互动体验，游客不仅学习到烹饪技能，还能更加深入地体验和欣赏当地的文化和生活方式。

在地方节日或文化活动期间提供特色住宿和定制导游服务是地方政府推广地区特色的成功案例之一。这些服务通常在地方重要的节日或活动期间推出，提供与传统节庆相关的特色体验，如住宿配备传统装饰，或者安排游客参与地方节庆活动。

此外，一些地区通过与科技公司合作，开发了应用程序或虚拟现实体验，将传统旅游服务与现代科技相结合。例如，通过虚拟现实技术，游客可以体验到历史事件的重现或是难以到达的自然景观,这种技术的应用不仅为游客提供了前所未有的体验,也为地方旅游业开辟了新的增长点。

通过这些创新实践,地方政府不仅成功地提升了服务质量,还有效地推广了地方文化和旅游资源。这些努力帮助提升了旅游目的地的品牌形象,增强了其在国内外旅游市场中的竞争力。地区特色的深度开发和创新服务的推广,共同促进了地方旅游业的持续健康发展。

四、行业标准与质量认证

(一) 行业标准的制定过程和实施情况

行业标准在确保旅游服务质量和消费者满意度方面扮演着至关重要的角色。它们提供了服务提供者需要遵守的明确指南和期望,帮助统一服务质量并保障消费者的基本权益。行业标准的制定是一个复杂但至关重要的过程,通常涉及多个阶段,以确保所得结果的科学性和适用性。

1. 制定行业标准的过程

(1) 需求分析

这一阶段涉及对当前市场条件、消费者需求、技术进步以及现有标准的评估。这有助于确定新标准的必要性和方向,确保新标准能够解决旅游业面临的实际问题。

(2) 标准草案编写

基于需求分析的结果,专家和技术人员将编写标准的初稿。这一过程需要考虑技术的可行性、经济的合理性以及实施的可操作性。

(3) 公众和行业意见征集

为了增加标准的广泛接受度并确保其实用性,草案会公开征求来自公众和行业内部的意见。这通常通过公开磋商会、行业调研或在线反馈平台进行。

(4) 审议和批准

收集到的意见将被整合进最终的草案中,随后提交给相应的标准化机构或政府部门进行审议和批准。批准过程可能需要考虑法律、经济以及政策的多方面因素。

2. 实施和监督行业标准

(1) 标准的实施

一旦行业标准正式发布,所有相关的旅游企业和组织都需要按照新标准调整其运营。这可能包括改进服务流程、提升员工培训、更新设备和技术等。

(2) 政府监督

政府部门通常负责监督这些标准的执行情况。这可能通过定期的检查、审核报告或消费者反馈来进行。不遵守标准的企业可能会面临罚款、业务限制甚至许可证的撤销。

(3) 定期评审和更新

鉴于旅游市场的快速变化和技术的发展，行业标准需要定期进行评审和更新，以保持其相关性和有效性，确保标准能够反映最新的市场需求和技术进步，继续为提升行业服务质量发挥作用。

通过上述的制定、实施和监督过程，行业标准不仅有助于提高旅游服务的整体质量和效率，还能加强消费者保护，推动整个旅游行业的健康和可持续发展。这些措施最终将提升消费者的满意度和信任，有利于形成一个更加繁荣和竞争力强的旅游市场。

(二) 质量认证体系在旅游服务中的应用和效果

质量认证体系在旅游服务行业中的应用提供了一种有效的机制来验证和提升服务质量，从而增强企业信誉和消费者信心。这些体系通常涉及对旅游服务提供者的设施、服务流程、客户满意度及环境管理等多个方面的综合评估，确保服务提供符合或超过某一认定的行业标准。

1. 质量认证体系的实施和影响

(1) 详细的评估过程

质量认证过程通常开始于一系列的自我评估，旅游企业需要根据认证机构的标准检查自身的各项服务与管理。接下来，认证机构会派遣专家对企业进行现场审核，这包括对设施的实地检查、服务流程的观察，以及对员工和客户的访谈，确保所有的标准都得到严格执行。

(2) 认证标准的种类

认证标准的种类多样，包括但不限于星级酒店评定、绿色旅游认证、安全标准认证等。这些认证通常涉及环境友好的操作、优秀的客户服务、高标准的安全措施和优质的设施管理。

(3) 认证的营销价值

通过质量认证的企业能够利用认证标志作为营销工具，来吸引寻求高标准服务的消费者。例如，星级酒店评定和绿色旅游认证等国际认知度高的标志，不仅能显著提升企业的品牌价值，还能在广告和促销活动中作为一种优势被突出展示。

2. 质量认证的实际效果

质量认证的实际效果显著，取决于认证的严格程度和市场的认可度。认证不仅有助于企业内部管理的优化和服务质量的提升，还能在外部市场中提升企业的竞争力。通过认证体系，企业能够建立起较高的行业标准，吸引更多的客户，同时，认证也帮助消费者做出更明智的选择。

3. 长期效益

通过实施行业标准和质量认证体系，旅游行业能够向消费者提供更加安全、可靠和高质量的服务。这不仅满足了日益增长的消费者需求，还推动了旅游业的整体高质量发展。质量认证措施的实施，促使企业不断进行自我改进和创新，确保在激烈的市场竞争中保持领先地位，同时也为旅游目的地提升了整体吸引力和市场竞争力。

总之，通过有效的质量认证体系，旅游服务行业能够确保服务的一致性和可靠性，建立起消费者的信任，并激励企业持续追求卓越，从而推动整个旅游行业向着更加专业和高标准的方向发展。

第三节　旅游从业人员的职业规范与政策支持

职业规范定义了旅游从业人员应遵守的职业行为标准和道德准则，它旨在确保从业人员能以专业和负责任的方式进行工作。这些规范不仅有助于提升服务质量，还有助于维护旅游市场的健康有序发展。职业规范的重要性在于它为旅游从业人员提供了明确的行为指南，帮助他们在面对服务过程中可能出现的各种挑战和道德困境时，能够作出正确的决策。此外，良好的职业规范还能提升整个旅游行业的专业形象，增强游客对旅游服务的信任和满意度。

一、职业规范的标准与要求

职业规范在旅游行业中的设立，是为了确保旅游从业人员在提供服务时遵循一定的标准和行为准则，从而保证服务的质量和行业的整体形象。

（一）国内外职业规范的基本标准

全球范围内，旅游行业的职业规范关键性地影响着业界的运作方式，特别是在客户服务、环保、文化尊重等方面。行业规范不仅形成了一个共通的服务和行为标准，还帮助从业人员在不同文化和法律背景下提供高质量服务。

1. 国际标准的制定与实施

国际旅游行业协会如世界旅游组织（UNWTO）等，通常会制定一系列全面的服务标准和道德准则。这些标准和准则旨在指导旅游从业人员在全球化的环境中如何以专业、诚信的态度服务游客。例如，这些标准会涵盖诚信行为、尊重客户隐私、公平交易以及持续教育等方面，确保从业人员在全球任何地方提供服务时都能维持一定的专业水平。

2. 环保与文化尊重

在环保方面，国际准则强调旅游活动应采取可持续的方法，比如减少对环境的影响、促进生态保护等。而在文化尊重方面，规范要求从业人员在提供旅游服务时，须尊重当地文化习俗和传统，以免引发文化冲突或不敬行为。

3. 中国的行业规范

随着中国旅游业的快速发展，文化和旅游部等机构也相继推出了针对旅游从业人员的行业规范。这些规范不仅明确了从业人员在服务中应遵守的职业行为和道德要求，还涉及了具体的操作细节。例如，规范要求从业人员应准确无误地提供旅游信息，避免强迫消费和其他不诚实的商业行为，保护消费者权益。

4. 持续教育与培训

此外，持续教育和专业培训在行业规范中也占有重要位置。无论在国际还是中国的行业规范中，都强调需要通过定期的培训和更新课程来提高从业人员的职业技能和服务水平，确保他们了解最新的行业发展趋势和技术。

总之，旅游行业的职业规范对确保全球范围内的服务质量、促进环保和文化尊重以及提升行业整体形象具有重要作用。这些规范不仅有助于建立消费者信任，还激励企业和从业人员持续改进和创新，以维持其在激烈的市场竞争中的领先地位。通过这些努力，旅游业能够向着更加专业和可持续的方向发展。

（二）服务质量、职业道德与行为准则

服务质量标准和职业道德是旅游行业内部非常重要的组成部分，它们确保旅游从业人员不仅满足游客的期望，还在整个职业生涯中保持高标准的职业行为。

1. 服务质量标准

服务质量标准的主要目的是确保旅游从业人员能够提供高效、准确且友好的服务。这些标准通常包括以下几个关键方面：

(1) 准时性

在旅游行业中，时间的准确性对于游客体验至关重要，尤其是在旅游团、导游服务及航班和酒店预订中。

(2) 服务态度

服务人员应展现专业和友善的服务态度，这直接影响到游客的满意度和整体体验。

(3) 问题解决能力

从业人员应具备快速有效解决问题的能力，以应对旅游过程中可能出现的任何意外情况。

(4) 提供准确信息

确保提供给游客的信息准确无误，包括旅游景点的详细信息、安全须知、费用和时间安排等。

2. 职业道德与行为准则

职业道德关注的是从业人员在工作中应持有的道德观念和行为准则。这包括但不限于以下方面。

(1) 诚实守信

在所有交易和互动中坚持诚实原则，确保所有提供的服务和宣传材料都是真实和透明的。

(2) 尊重多元文化

旅游行业涉及多种文化背景的互动，从业人员应展示对不同文化的尊重和理解，避免文化冲突。

(3) 保护环境资源

鼓励可持续旅游实践，如减少废物、使用可再生资源，保护旅游地的自然环境和文化遗产。

(4) 公平竞争

遵守市场公平竞争的规则，避免诋毁竞争对手，公平对待同行业和其他利益相关者。

3. 规范和要求的实施影响

通过严格制定和执行这些服务质量标准与职业道德准则，旅游行业能够不断提升服务质量，增强游客对目的地的信任和满意度。这不仅提高了从业人员的专业水平，而且增强了旅游目的地的整体竞争力和吸引力。

进一步地，这些措施推动了旅游业的可持续发展，促进了环境保护和文化遗产的保护，为未来的旅游活动创造了良好的基础。因此，旅游行业内部的这些高标准和严格的规范不仅是对个体职业成长的要求，也是对整个行业未来发展的投资。

二、政策支持框架

为了确保旅游从业人员的职业规范得到有效执行，并提升他们的服务水平，国家和地方政府都制定了一系列支持政策，包括教育培训、资质认证和劳动权益的保护。

（一）国家层面的政策支持措施

（1）教育培训

国家政策强调对旅游从业人员的持续教育和培训，通过各种职业技能提升课程来保障员工能够更新其服务技能和行业知识。例如，文旅局及其合作机构经常组织服务质量、外语能力、急救知识等相关培训，以提高从业人员的专业能力和应对多变旅游市场的能力。

（2）资质认证

国家通过设立资质认证制度，如导游证和旅游管理师证书，确保从业人员具备必要的专业知识和技能，以提供高质量的服务。这些认证通常需要通过专业考试和定期的继续教育来维持。

（3）劳动权益保护

政策还包括对旅游从业人员的劳动权益保护，确保他们在工作中的合法权益不受侵害，比如合理的工作时间、休息和假期权利以及健康安全的工作环境。

（二）地方政府对旅游从业人员的支持政策

（1）激励措施

地方政府常通过提供各种激励措施来鼓励从业人员提升服务质量，如评选"优秀导游""最佳服务员"等，为获奖者提供奖金或其他形式的物质奖励。

（2）福利待遇

除了基本的薪酬外，许多地方政府还为旅游从业人员提供额外的福利待遇，如医疗保险、退休福利和住房补贴，以吸引和留住优秀人才。

（3）职业发展路径

地方政府通过与教育机构和旅游企业合作，为旅游从业人员提供职业晋升的机会和路径，包括管理培训项目和职业转换支持，帮助员工实现职业生涯的多元发展。

这些政策和措施的实施不仅增强了旅游从业人员的职业能力和服务质量，也有助于整个旅游行业的稳定和持续发展。

三、培训与教育的政策实施

为了确保旅游从业人员能够不断提升专业技能并适应快速变化的旅游市场,政府与私营部门合作开展了多种培训与教育项目。这些政策的实施旨在通过持续教育和技能提升,提高从业人员的服务质量和职业竞争力。

(一)政府和私营部门合作的培训项目

在旅游行业,提高服务质量和从业人员技能是提升竞争力和游客满意度的关键。为此,政府部门与私营培训机构之间的合作在培训旅游从业人员方面发挥了重要作用。这种合作通常包括以下几个方面。

1. 合作培训项目

政府部门经常与私营培训机构合作,提供针对旅游从业人员的定制培训课程。这些课程涵盖了多个重要领域,包括旅游法规的了解,提高客户服务技巧,外语能力的增强,以及应急管理等关键技能。这些培训旨在全面提升从业人员的职业技能,确保他们能够在多变的旅游市场环境中提供高标准的服务,有效应对各种挑战。

2. 资金支持与资源共享

政府通过提供资金支持或政策优惠来激励私营部门参与从业人员的培训。这些支持措施可能包括税收减免、资金补助和其他财政激励,旨在降低私营机构在培训项目上的财务负担。同时,政府与企业之间的资源共享也是这些合作的一部分。例如,政府可能提供公共设施作为培训场所,使私营企业能够在不增加额外成本的情况下进行高效的培训活动。

3. 提升行业标准和服务质量

这种合作的最终目标是提升整个旅游行业的服务标准和从业人员的专业水平。通过系统的培训,从业人员可以更好地理解国际旅游趋势,掌握新技术,提升客户服务水平,从而推动旅游目的地的吸引力和市场竞争力。政府与私营部门的紧密合作还有助于确保培训内容的实时更新和调整,使其与全球旅游市场的动态保持同步。

总之,政府与私营部门的合作在培训旅游从业人员方面发挥着核心作用,不仅有助于提升个人的职业技能,也促进了整个旅游行业的健康和可持续发展。通过这些合作培训项目,旅游行业能够不断提升服务水平,满足日益增长的国际旅游需求。

(二)持续教育与技能提升的政策支持

为了适应旅游行业的快速变化和全球化趋势,持续教育和技能提升成为从业人员不可或缺的需求。因此，政府已经制定了一系列政策支持，旨在提升旅游从业人员的专业技能和服务质量。

1. 终身学习政策

政府正积极推行终身学习政策，以提高旅游行业的整体服务质量和专业水平。这项政策特别强调通过多样化的学习平台，包括在线视频教程、网络研讨会和电子书等资源，使旅游从业人员能够不受时间和地点的限制，随时随地进行学习，从而持续更新其行业知识和技能。这些平台提供了从基础到高级的各类课程，覆盖旅游法规、客户服务技巧、多语言能力提升等多个领域。

为了更好地适应从业人员的工作安排，政府还支持设立灵活的学习模式，如夜校和周末研讨会。这些课程设计得尤为关注实用性，帮助从业人员通过实际案例学习，更深入地理解行业动态，掌握必要的服务和管理技巧，增强其解决实际工作中问题的能力。

此外，为了减轻从业人员在职学习的经济负担，政府还推出了一系列激励措施，包括奖学金、学费补贴和税收优惠等。这些措施旨在激励更多的从业人员参与到终身学习中来，不仅提高个人职业技能，也为提升旅游业的服务标准和竞争力作出贡献。通过这种方式，终身学习不仅成了一种提升个人能力的途径，也变成了推动整个行业发展的重要工具。这些政策的实施有效地促进了旅游行业从业人员的专业成长和行业整体服务水平的提升，使终身学习成为一种充满吸引力且实际可行的选择。

2. 技能认证更新

政府的支持在技能认证程序的定期更新中起到了关键作用，保证旅游从业人员的职业资格能够与国际旅游市场的不断变化保持同步。这一过程涵盖了与国际旅游组织的密切合作，确保从业人员了解并符合最新的行业标准和客户需求。为此，政府不仅推动认证内容的持续更新，还促进了认证方法的现代化，包括在线学习和虚拟评估等技术的引入，以适应全球化的职业培训趋势。

从业人员必须定期参加考核并通过重新认证，这确保他们能够不断更新自己的专业知识和技能，从而在实际工作中提供高标准的服务。这种持续的职业发展机制鼓励从业人员持续学习，增强其对新技术和行业变化的适应能力。

同时，政府确保整个认证过程的透明度和公正性，通过设立专门的监管机构来监督认证体系的运作。这些机构不仅负责监控认证流程，还处理从业人员和培训机构的咨询与申诉，确保所有参与方都能在一个公平的环境中操作。

通过这些举措，政府不仅显著提升了旅游从业人员的专业能力，而且通过提高服务质量，增强了整个旅游业的国际竞争力。此外，这些努力也促进了旅游行业的可持续发展，确保了从业人员能够适应行业的持续变化，向游客提供更加专业和高质量的服务。这种系统的职业发展和认证更新机制不仅提高了从业人员的满意度和职业忠诚度，也提升了消费者对旅游服务的信任和满意度。

四、法规对职业发展的影响

法律和法规在旅游业中扮演着保护从业人员权益和确保职业标准的关键角色。通过合理的法规支持，可以为旅游从业人员提供一个公平、安全的工作环境，同时促进行业的专业化和标准化。

（一）法律与法规在确保从业人员权益中的作用

法律与法规在确保旅游从业人员权益中扮演着至关重要的角色，特别是在维护劳动关系和提供安全工作环境方面。

1. 劳动合同法的应用

劳动合同法是保障从业人员免受不公平对待的关键法律。这项法律详细规定了雇主和员工之间的权利和义务，确保从业人员在明确和公正的合同条件下工作。通过这种法律保护，员工享有休假、社会保障、医疗保险以及退休福利等基本权利。它还规定了劳动合同的合法终止条件，保护员工在遭遇非法解雇时能够得到适当的法律补偿。

2. 工作环境与安全标准

在旅游行业中，从业人员的工作环境多变，尤其是那些需要在户外或者特定场所进行工作的职位，如导游、户外活动策划等。各种工作安全法规的制定和实施是至关重要的，这些法规旨在确保从业人员在健康和安全的环境中工作，减少职业风险。例如，旅游行业特有的安全法规可能包括紧急情况的处理程序、必需的安全装备使用、对特定天气或地理条件下的安全措施等。这些法规不仅为遇到工作中的意外事故提供了应对策略，还规定了必要的培训和教育，以确保每位员工都能够处理可能发生的紧急情况。

通过这些法律和法规的实施，政府和行业协会能够共同确保旅游行业的从业人员能够在一个公平、健康、安全的环境中工作，这不仅提升了员工的满意度和工作效率，也有助于提高整个行业的服务质量和专业形象。这些措施确保了从业人员的权益得到保护，同时也促进了旅游业的可持续发展和职业道德的提升。

(二) 对职业标准与质量控制的法规支持

为了提升旅游行业的整体服务质量和保障消费者的利益,政府实施了一系列关于职业标准和质量控制的法规支持。

1. 职业资格认证制度

政府推行的职业资格认证制度是确保旅游从业人员符合行业标准的重要手段。该制度通过设定明确的职业标准,涵盖了从业人员所需的专业知识、服务技能以及行为准则。为了达到这些标准,从业人员必须通过相关的培训课程,并通过正式的考核来获得资格认证。这不仅提升了他们的专业能力,也增强了消费者对服务质量的信任。此外,职业资格认证还促使从业人员持续进行职业发展和学习,保持与行业发展同步。

2. 质量监控法规

为了进一步确保服务质量,政府还制定了旅游服务质量监控法规。这些法规明确规定了服务提供者必须遵循的质量标准,如酒店服务的客房清洁标准、餐饮服务的卫生要求以及旅游活动的安全准则。通过这些法规,政府可以有效监控旅游服务的每一个环节,确保所有服务都达到法定标准。这不仅有助于保护消费者的权益,防止消费者遭受劣质服务的影响,还有助于维护和提升旅游目的地的形象和信誉。

这些法规的实施依赖于定期的检查和评估,以及对违规行为的处罚措施,确保从业人员和企业严格遵守标准。同时,政府也鼓励行业内部自我监督和消费者反馈,形成全方位的质量保障体系。

总的来说,通过实施职业资格认证制度和质量监控法规,政府不仅提升了旅游从业人员的职业标准和服务质量,也促进了整个旅游业的健康发展。这些措施有助于建立一个更加专业、安全、可靠的旅游市场环境,提升消费者满意度,同时为旅游目的地带来更好的国际声誉和更大的经济效益。

第六章　旅游政策与法规和旅游基础设施建设

第一节　基础设施建设的政策法规背景

在现代旅游业中，基础设施的作用不可低估。它不仅是支撑旅游活动可持续进行的物理基础，也是提升旅游体验质量的关键因素。基础设施涵盖从交通、通信到水电供应、卫生设施等多个方面，直接影响到旅游目的地的可达性、吸引力以及旅游者的满意度和安全感。

首先，基础设施的完善程度决定了一个旅游目的地的吸引力。优质、现代化的基础设施，如良好的交通网络、高效的信息通信系统、充足的住宿设施以及其他旅游相关服务设施，能显著提高旅游地的吸引力。游客在选择旅游目的地时，往往会考虑到这些基础设施的便利性和安全性。

此外，基础设施对旅游目的地的可访问性起着至关重要的作用。无论是国内还是国际旅游者，良好的交通设施——如机场、铁路和公路——都是他们选择旅游地点时的重要考虑因素。例如，新建或升级的机场不仅能够提高一个区域的国际连通性，还能直接带动周边地区旅游业的增长。

因此，从长远来看，基础设施投资是推动旅游业高质量发展的核心动力之一。政府和私营部门在此方面的策略性投资和规划将直接影响旅游业的可持续发展及其对经济的贡献。

一、政策法规关于基础设施的框架体系

（一）国家级基础设施政策与法规

国家级旅游基础设施政策与法规在推动旅游业的发展中起着核心作用，通过确保全国范围内的旅游基础设施建设和维护的高标准和一致性，为旅游业创造稳定的发展环境。政府的介入不仅通过制定战略性的政策框架来指导基础设施项目，还通过一系

列经济激励措施促进基础设施的全面发展。

1. 国家政策的战略性规划

国家层面的政策通常涵盖全国性的战略规划，确保旅游基础设施的建设能够满足当前及未来的需求。这包括对主要旅游城市和新兴旅游目的地的交通网络、公共设施、信息技术等方面的系统规划。政策的制定考虑到了地区之间的经济发展差异，旨在通过均衡的基础设施投资促进区域经济的均衡发展。

2. 经济激励措施

为了支持基础设施的建设，政府通常会提供一系列的经济激励，包括但不限于直接的财政投入、税收优惠和提供低息贷款等。这些措施旨在降低私人企业和地方政府在基础设施项目上的经济负担，鼓励更多的投资流入旅游基础设施建设，如机场扩建、道路升级和数字化旅游服务平台的开发。

3. 法规的制定与执行

除了经济措施，法规在确保基础设施建设的质量和安全中也扮演着至关重要的角色。法规明确了建设标准、环境保护要求及公共安全规定，确保所有建设项目都能在促进经济发展的同时，遵循可持续发展的原则。例如，新建项目需要进行环境影响评估，确保对生态系统的干预最小化，同时保证建设过程中的安全标准，避免造成长远的环境负担。

4. 系统监督与评估

国家级政策还包括对基础设施项目的持续监督和评估，确保项目的实施与初衷相符，有效地利用了公共资源。监督机制包括定期的进度报告、财务审计以及效果评估，确保每个项目都能按照规划高效、透明地执行。

总之，国家级的基础设施政策和法规是旅游业发展的坚实基础，通过确保基础设施建设和维护的高标准和系统性，不仅支持了旅游业的持续增长，也保护了环境和社会的利益，促进了旅游目的地的可持续发展和全局性繁荣。

（二）地方政府在基础设施规划和建设中的角色和职责

地方政府在基础设施规划和建设中扮演着至关重要的角色，特别是在实施国家政策和推进本地旅游基础设施发展方面。作为国家政策的地方执行者，地方政府负责调整和实现国家层面的框架政策，以符合地方的具体条件和需求。

1. 规划与实施

地方政府的首要职责是规划和建设符合地区特色和需求的旅游基础设施。这包括交通网络的优化、旅游信息中心的建设、公共卫生设施的改进以及游客服务中心的设立等。在这一过程中，地方政府需要进行详细的市场研究和需求分析，确保所建设的基础设施能够满足旅游业发展的实际需要。

2. 融资与维护

地方政府还负责基础设施项目的融资与维护。这通常涉及预算分配、资金筹集和长期维护计划的制定。通过设立专项基金或利用地方债券等工具，地方政府可以为这些重要项目提供必要的财政支持。同时，定期的维护和升级也是地方政府责无旁贷的职责，以确保旅游基础设施的长期有效运行和安全。

3. 整合与环境保护

地方政府还需确保旅游基础设施项目能够和地区的广泛城市发展规划以及环境保护计划有效整合。这意味着在规划和实施基础设施项目时，需要考虑其对城市公共交通系统的影响、对地区环境保护的促进作用以及对社会经济发展的长远影响。

4. 公私合作伙伴关系（PPP）

为了有效利用资源并提高项目效率，地方政府经常选择与私营部门合作，通过公私合作伙伴关系（PPP）模式来执行旅游基础设施项目。这种合作模式不仅可以减轻政府的财政压力，还能引入私营部门的资本和管理经验，促进项目的创新和高效运作。通过这种方式，可以更好地利用市场机制和商业原则来推动基础设施的建设和管理，同时也能够提升服务质量和游客满意度。

总的来说，地方政府在旅游基础设施的规划、建设、维护和整合中扮演着关键角色，其有效的政策执行和资源管理直接关系到旅游业的可持续发展及地区经济的繁荣。通过与私营部门的合作，地方政府能够更加灵活和创新地推进基础设施项目，为旅游业创造更多增长动力和竞争优势。

二、具体政策和法规的实施

（一）交通基础设施的建设政策

交通基础设施的建设政策在促进旅游业的发展中扮演着至关重要的角色，这些政策专注于提升旅游目的地的可达性和便利性，从而吸引更多的国内外游客，并提供他们便捷的旅行体验。

1. 道路网络的发展

政府通常会投资于道路网络的建设和维护，以便更好地连接主要旅游景点和城市中心。这包括修建高速公路、改善乡村道路以及增设旅游专用道路。加强道路基础设施不仅方便游客出行，还有助于减少交通拥堵，提升旅游目的地的整体吸引力。此外，良好的道路网络也支持紧急服务的快速响应，为游客提供更安全的旅行环境。

2. 机场设施的扩建与升级

为了增强国内外游客的接入能力，政府也会着手扩建和升级机场设施。这包括增加国际和国内航线、改善机场内部设施（如扩展登机桥、候机厅和行李处理系统）以及提升机场安全措施。升级机场设施有助于处理更多的航班和乘客，同时提供更舒适、高效的出行体验。

3. 公共交通系统的发展

发展公共交通系统，如地铁、公交和轻轨，是另一个关键政策领域。政府通常会投资于这些交通方式的扩展和现代化，确保游客可以方便、经济地到达各大景点和城市其他重要地区。有效的公共交通系统不仅便于游客出行，还减少对环境的影响，支持可持续旅游的理念。

4. 综合影响

这些交通基础设施政策不仅极大提升了旅游体验，还有助于促进当地居民的生活质量和支持区域经济的均衡发展。改善交通基础设施可以激发经济活动，增加就业机会，并促进商业和服务业的增长。此外，更好的交通连接性还可以带动周边地区的发展，帮助解决城乡发展不平衡的问题，确保社会和经济福祉的整体提升。

总之，通过这些综合的政策措施，政府不仅能够提升旅游目的地的可访问性和吸引力，还能够为游客和当地居民创造一个更加便捷和宜居的环境。

（二）水电供应、废物处理和环境保护设施的法规

在旅游业的快速发展中，水电供应的稳定性和废物处理的效率是维护环境可持续性的关键因素。因此，相关政策和法规的制定与实施至关重要，旨在确保这些基础设施能够支撑旅游高峰期的需求并有效预防环境污染。

1. 水电供应政策和法规

确保稳定的水电供应对于旅游目的地来说至关重要，尤其是在游客高峰时期。政府通常会制定具体的法规来保障足够的水电资源，这些法规包括对旅游区水电基础设施的建设和维护、能源效率标准的设定以及应急备用资源的管理。例如，新建酒店和度假区可能需要遵守特定的节能标准，使用高效率的水处理和供电系统，以减少对环境的影响并保证资源的有效利用。

2. 废物处理政策和法规

为了管理旅游活动产生的废物并减少对环境的影响，政府制定了一系列废物处理法规。这些法规规定了垃圾分类、回收利用以及禁止使用某些不可降解材料的具体要求。政府还鼓励采用先进的废物处理和回收技术，比如生物降解技术和能量回收系统，来处理旅游区产生的固体和液体废物。这些措施旨在减少垃圾填埋的需求，同时提高资源的回收率。

3. 环境保护设施的法规

环境保护设施的法规特别强调采用可持续的资源管理和废物处理技术。政府通常要求旅游业开发者在新项目中包括环保设计，比如使用生态友好的建材、污水处理设施和废物减量技术。此外，法规还可能包括对敏感地区（如海滩、湿地和其他自然保护区）的保护措施，以防止旅游活动对这些区域造成破坏。

总之，通过这些综合性的政策和法规，政府不仅能够支持旅游业的可持续发展，还能保护和促进自然环境和社区的福祉，确保旅游业的长远利益与环境保护的需要能够相互支持，共同发展。

（三）信息和通信技术基础设施的支持政策

在当今数字化快速发展的时代，信息和通信技术（ICT）基础设施对旅游业的影响日益显著，成为支撑该行业持续增长的重要支柱。因此，政府在支持ICT基础设施的政策制定上发挥着至关重要的作用。

1. 提供资金和技术援助

政府通过提供资金支持和技术援助来促进信息和通信技术基础设施的发展。这可能包括为建设高速互联网接入服务的项目提供补贴或低息贷款，尤其是在偏远和农村地区，以消除"数字鸿沟"。此类政策的实施有助于确保所有地区，特别是旅游景点周边地区，都能获得快速且可靠的互联网连接。

2. 发展移动通信和云计算服务

随着移动设备的普及和云技术的进步，政府也在积极推动移动通信和云计算服务的发展。这包括支持建设更广泛的4G和5G网络，以及鼓励私营部门开发基于云的旅游服务应用。这些措施使得游客和业者能够实时获取和处理旅游信息，极大提升了旅游体验的便利性和效率。

3. 促进旅游应用和平台的开发

政府还可能通过提供创新基金、税收优惠等激励措施，鼓励开发者和企业开发旅游应用和平台。这些应用和平台提升了旅游服务的透明度和可访问性，如通过提供实时导航、语言翻译服务、文化和历史背景信息等，使游客的旅游体验更加丰富和个性化。

4. 增强游客互动体验和业务运营效率

通过这些技术基础设施的投入，不仅增强了游客的互动体验，例如通过在线预订系统、虚拟导览和社交媒体平台，还为旅游业务运营提供了高效的工具。这些工具包括客户关系管理系统（CRM）、大数据分析和人工智能应用，这些技术的运用可以优化营销策略，提高服务质量，同时降低运营成本。

总之，政府在推动信息和通信技术基础设施的发展中扮演着关键角色，其支持政策不仅有助于提升旅游业的整体技术水平，还有助于增强旅游目的地的吸引力，推动旅游业的持续健康发展。

这些具体的政策和法规实施确保了旅游业的基础设施能够支撑旅游业的持续增长和高质量发展，同时也促进了更广泛的社会经济福利。

三、资金和资源的配置

（一）国家与地方资金投入和财政支持政策

在基础设施建设中，国家和地方政府的资金投入及其相关的财政支持政策是推动旅游业发展的关键驱动力。这通常包括直接投资、补贴和税收优惠等形式。国家层面的投资往往聚焦于大型项目，如国际机场和跨省高速公路，而地方政府则可能专注于提升地区内的旅游接待设施和公共服务设施。财政支持还可能包括为特定项目提供的低息贷款和其他财政刺激措施，以促进地方旅游基础设施的快速发展。

（二）国际援助和贷款对基础设施项目的贡献

对于发展中国家和过渡经济体，国际援助和贷款在旅游基础设施项目中扮演着至关重要的角色。多边开发银行、世界银行和区域发展银行等国际金融机构经常提供必要的资金支持，帮助这些国家建设可持续的旅游相关基础设施。这些资金通常用于道路建设、环保项目和提高能源效率的措施，这些项目不仅支持旅游业的发展，还帮助保护和管理自然资源，确保旅游活动的可持续性。

（三）私人投资与公私合作模式（PPP）的政策激励

公私合作模式（PPP）是现代基础设施融资和建设中的一个重要趋势，旅游业也不例外。政府通过制定友好的政策环境来吸引私人投资者参与公共基础设施项目。这些政策可能包括风险分担机制、长期的运营合同和税收优惠等。通过PPP模式，私人部门可以在设计、建设、运营或维护旅游基础设施中发挥其创新和效率优势，而政府则能够利用私人资本和专业技能提升公共服务质量和效率。

这些资金和资源配置策略不仅确保了基础设施项目的资金来源和投资回报，还通过多种渠道和合作模式，促进了旅游业的全面和均衡发展。

第二节 旅游交通与住宿设施的法规支持

旅游交通与住宿设施是旅游业的两大支柱，直接影响旅游体验的质量和旅游目的地的吸引力。旅游交通包括所有将游客从一个地点运输到另一个地点的手段，如航空、铁路、公路交通等，而住宿设施则包括各种类型的住宿选项，从五星级酒店到经济型旅馆，再到民宿和露营地。这些设施不仅为旅游者提供基本的服务和安全保障，还是其旅游体验中不可或缺的组成部分。高效便捷的交通系统和优质舒适的住宿条件能显著提升旅游目的地的竞争力，吸引更多的国内外游客。

法规的支持对于确保和提升旅游交通与住宿设施的质量起着决定性作用。通过制定和执行相关的法规和标准，政府能够保证服务质量，确保旅游者的安全和满意度。例如，交通安全法规、住宿卫生标准、消防安全规定等，都是保护消费者权益、提升行业标准的重要措施。此外，法规还能推动行业的持续改进与创新，如鼓励采用环保技术和提升能源效率，这些都有助于提升旅游目的地的整体形象和可持续发展能力。通过法规的引导和支持，旅游交通与住宿业能够在确保基本质量的同时，探索更多符合现代旅游需求的创新服务模式。

一、交通设施的法规支持

（一）国家层面的交通政策与法规：重点在于安全、可达性与环保

在国家层面，交通政策和法规的制定是为了确保旅游交通系统的安全性、可达性和环保性，三者共同支撑着旅游业的持续发展和旅客的良好体验。

1. 安全法规的重要性

国家交通安全法规是确保旅游交通安全的基石。这些法规详尽规定了交通工具的安全标准和操作员的资质要求，以及在紧急情况下的响应措施。例如，民用航空领域，

严格的安全检查和飞行员培训要求确保了飞行安全；在公路交通领域，对运营商的许可证发放和定期审查则是保障公路旅行安全的关键措施。此外，对于公共交通工具如巴士和地铁系统，政府通常要求配备先进的安全设备并实施定期的安全演练，确保在任何紧急情况下都能有效保障乘客安全。

2. 提升可达性的措施

提高旅游目的地的可达性是另一项关键政策目标。政府投资于交通基础设施的建设和升级，如扩建机场、增设航班、改善公路和铁路网络，这些都是提升可达性的重要手段。通过改善交通网络，不仅可以使偏远地区变得更加容易到达，还能促进旅游业与其他地区的经济整合，带动地方发展。

3. 环保政策的实施

环保也是现代交通政策中的一个核心议题。为了减少旅游交通对环境的影响，政府推广使用低碳交通工具和可再生能源。例如，推广电动巴士、使用环保型航空燃料、增加电动车充电站等措施，不仅减少了碳排放，还促进了旅游业的绿色发展。此外，政府也可能通过提供税收优惠、补贴等经济激励，鼓励私营部门和消费者选择环保的交通解决方案。

综上所述，国家层面的交通政策与法规通过综合考虑安全、可达性与环保三大核心要素，旨在为旅游业创造一个安全、便捷且环境友好的运行环境。这些政策的实施不仅提高了旅游体验的质量，还有助于实现旅游业的可持续发展目标。

（二）地方政策与激励措施

地方政府在推动旅游业发展中具有关键作用，尤其是在优化旅游交通方面。通过制定具体的政策和提供激励措施，地方政府能够显著提升旅游目的地的交通系统效率，提高旅游体验的质量。

1. 财政补贴与税收优惠

地方政府通常会提供财政补贴来支持关键的交通项目，这些项目往往针对连接重要旅游景点的公共交通系统。例如，可以补贴新建或升级公交线路、轻轨系统或者提供环保交通工具，如电动巴士或自行车共享服务，来提升区域内的交通便捷性和环保标准。此外，地方政府也可能提供税收优惠来吸引私人企业投资于交通基础设施项目，如参与运营公交线路或开发高科技交通解决方案，从而减轻政府的财政负担，同时加速项目的实施进程。

2. 技术支持与投资激励

地方政府还可能提供技术支持和其他形式的投资激励，以鼓励采用先进技术和创新解决方案。这可能包括支持智能交通系统的开发，如实时交通监控和管理技术，或者支持应用程序和在线服务的开发，这些服务可以帮助游客更好地规划行程和预订交通服务。通过这些技术的应用，可以极大地提高交通系统的效率和响应速度，同时提升旅游者的满意度和目的地的吸引力。

3. 交通管理与特殊规划

在面对旅游高峰期时，地方政府也会制定专门的交通管理措施，确保交通流畅且高效。这可能包括实施旅游高峰期的交通疏导措施，设置专用旅游车道，或者规划旅游大巴专线，以减少主要道路和景点入口的拥堵。此外，地方政府还可能规划特殊路线，例如为观光巴士和其他旅游相关交通工具提供优先路权，以确保游客能够快速且安全地到达目的地。

总之，通过这些综合的地方政策和激励措施，地方政府不仅能够有效地支持和改善旅游交通基础设施，还能提升旅游目的地的整体吸引力和竞争力，从而推动旅游业的持续发展和地区经济的增长。

二、住宿设施的法规支持

（一）国家和地方政策对住宿设施的分类标准与要求

国家和地方政府对住宿设施的分类标准和要求起到了极其重要的作用，不仅确保旅游业中的服务质量统一和可比，还促进了健康和公平的竞争环境。这些标准的制定和实施对于提高旅游目的地的吸引力和竞争力具有关键意义。

1. 国家级标准的设定

在国家层面，住宿设施的分类标准通常非常详尽，涵盖了广泛的服务和设施要求。这包括酒店星级评定标准，其中明确规定了各星级酒店应满足的具体条件，如房间的最小尺寸、床铺的质量、客房服务的标准、员工与客人的比例、安全设施的配备等。这种分级系统帮助消费者在选择住宿时作出明智的决策，同时激励酒店业者提升服务质量以达到更高的星级评定。

2. 地方政府的特定要求

地方政府则根据本地区的旅游特色和市场需求，设定更具针对性的分类标准。例如，对于乡村旅馆、生态旅馆或特色民宿等类型的住宿设施，地方政府可能会制定特别的要求，如环保标准、地方文化元素的融入、当地材料的使用等，这些都是为了促进当地旅游的特色化和多样化。

3. 质量控制与监督

除了制定标准外，国家和地方政府还负责监督和控制住宿设施的质量。通过定期的检查和评估，确保所有住宿设施都严格遵守既定的标准。不合格的设施可能会受到警告、罚款或其他形式的行政处罚，确保旅游消费者的权益得到保护。

4. 市场适应性与灵活性

政府在制定这些标准时通常会考虑到市场的变化和新兴趋势，如可持续旅游、数字化服务等。这种适应性和灵活性有助于住宿行业不断创新和提升，同时满足日益多样化的消费者需求。

综上所述，通过设定严格的分类标准和要求，国家和地方政府共同确保了旅游住宿业的高标准和可持续发展，为游客提供安全、舒适和高质量的住宿体验，同时推动了旅游业的整体进步和专业化。这些措施不仅提升了服务质量，也增强了旅游目的地的市场竞争力。

（二）应用法规确保住宿服务的质量与安全

为确保住宿服务的质量与安全，各级政府部门通常会制定和执行一系列详细的法规和标准，以规范行业操作并保护消费者权益。这些法规涵盖了从基础设施安全到服务质量的各个方面，确保旅游住宿业的健康发展。

1. 健康与安全法规

政府制定的健康和安全法规是确保住宿设施安全的基石。这些法规通常要求住宿设施进行定期的安全检查，以确保所有设施符合安全标准。例如，消防安全法规要求酒店安装有效的火警报警系统和足够的消防设施，同时进行定期的消防演习和培训。食品卫生法规确保酒店餐饮服务遵循卫生操作规程，防止食品污染和传播疾病。建筑结构安全法则确保建筑物符合抗震和结构安全标准，以防止自然灾害或日常运营中的事故。

2. 服务质量法规

除了基本的健康和安全标准外，服务质量法规也非常关键。这些法规要求住宿业提供优质和高标准的客户服务。政府通常会规定住宿设施必须提供持续的客户服务培训，确保所有员工都能根据行业最佳实践提供服务。这包括前台接待、客房服务、投诉处理等方面的专业培训，以增强员工的服务意识和处理突发情况的能力。

3. 促进正向竞争与创新

通过这些法规的实施，不仅提升了消费者的信任度，还促进了行业内的正向竞争。旅馆业者为了吸引更多客户，会努力超越基本的法规要求，提供更高质量、更创新的服务。此外，法规的更新也会鼓励业者采用新技术和方法，如引入智能化管理系统、环保节能技术等，这些创新不仅能提升服务效率，也有助于减少环境影响。

总之，通过这些综合的法规和标准，政府有效地保障了住宿服务的质量与安全，不仅保护了消费者，也推动了旅游住宿业的持续改进和健康竞争，为旅游者提供了安全、舒适、高质量的住宿体验。

三、监管与质量控制

（一）监管机构的职责与作用

在旅游交通与住宿领域，监管机构的职责与作用是多方面的，它们通过确保行业的规范运作来保护消费者权益，并促进旅游业的健康发展。

1. 设定和维护行业标准

监管机构，如文化和旅游部、交通运输部门、住宿与饮食服务管理部等，首要职责是设定各类行业标准。这包括旅游交通安全标准、住宿服务质量规范以及餐饮卫生要求等。通过制定明确的标准，这些机构帮助行业建立起一套普遍接受的操作和服务准则，从而保证服务的可靠性和安全性。

2. 执行法规和监督合规性

监管机构还负责执行国家或地方政府制定的各种法规，并监督旅游相关企业的合规性。这涵盖了从基本的营业执照审查到复杂的安全合规检查。例如，交通运输部门会定期检查公共交通工具和私人旅游车辆的安全性，确保它们符合交通运营的安全规定。住宿服务部门尽可能对酒店和民宿进行定期的安全和卫生检查，确保这些设施符合国家的住宿服务标准。

3. 处理违规行为

在监测和发现违规行为时，监管机构拥有采取行动的权力。这可能包括警告、罚款或在极端情况下吊销营业执照。这样的措施确保了行业内的公平竞争，并维护了旅游市场的正常秩序和消费者的信任。

4. 消费者保护

监管机构还扮演着消费者保护的角色，处理来自游客的投诉和纠纷。通过建立有效的投诉处理和纠纷解决机制，这些机构帮助消费者解决在旅行过程中可能遇到的问题，如预订纠纷、服务不达标等问题。

5. 公众教育和信息传播

此外，监管机构还负责对行业从业人员和公众进行教育和信息传播。通过组织培训、发布行业指南和安全提示，这些机构不仅提升了从业人员的专业技能，也增强了游客的安全意识和知情权。

总体而言，监管机构在旅游交通与住宿领域中的职责是全方位的，通过制定和执行行业标准、监督合规性、处理违规行为，以及保护消费者的利益，它们确保了旅游业的有序和安全运营，提升了整个行业的服务质量和公信力。

（二）住宿的质量控制机制

为确保旅游交通和住宿服务的质量达到国家和地方规定的标准，相关监管机构采取了一系列细致且系统的质量控制机制。这些措施设计精良，目的在于持续提升服务水平，并确保旅游行业的健康可持续发展。

1. 定期设施审查

监管机构会定期对与旅游相关的设施进行全面的审查。这包括但不限于酒店、旅馆、度假村的建筑安全、消防系统、卫生条件以及其他关键的基础设施。审查旨在确保所有设施都符合现行的健康和安全法规，以防止任何可能对游客安全构成威胁的因素。

2. 服务质量评估

服务质量评估是监管机构确保服务提供者遵守业界最佳实践的另一关键措施。这通常包括对员工的服务态度、专业知识、响应速度和问题解决能力的评估。评估过程中，可能会使用顾客满意度调查、神秘顾客评估以及直接的顾客反馈来收集数据，以确保评估结果的客观性和准确性。

3. 官方评级系统

官方评级系统如酒店星级评定，提供了一个公认的评估标准，依据酒店的设施、服务质量、客户满意度等多个维度进行综合评分。这种评级不仅帮助消费者在选择住宿时做出更明智的决策，也激励住宿服务提供者持续改进和提升服务质量，以获得更高的评级。

4. 交通工具安全与服务检查

对于交通工具，包括旅游巴士、租车服务和其他公共交通工具，监管机构同样实施严格的定期检查。这些检查不仅关注车辆的机械安全性，还包括驾驶员的资质、服务态度和乘客反馈。确保这些方面达标，可以显著提高旅游交通的安全性和乘客的整体满意度。

5. 提供公开透明的评级结果

通过公开透明的评级结果，监管机构不仅提升了行业的信任度，也使消费者能够基于实际的服务质量数据做出知情的选择。这种开放的信息共享促进了整个行业的透明度，同时提供了一个持续改进的动力。

这些综合性的质量控制机制确保了旅游交通与住宿服务的持续优化，保障了消费者的最大利益，同时推动了旅游业向更高标准的发展。

（三）保障游客在使用交通与住宿服务时的权益

在旅游交通与住宿服务中，消费者保护法规扮演着至关重要的角色。这些法规旨在确保游客在享受服务时免受不公平交易和欺诈行为的影响，促进服务的透明度和公正性，从而维护消费者的合法权益。

1. 核心法规内容

消费者保护法律通常包括一系列针对旅游服务的具体规定，这些规定涵盖退款政策、取消政策和投诉处理机制等关键方面。例如，退款政策要求服务提供者在消费者取消服务后的特定时间内返还费用，而取消政策则需明确规定取消服务的条件和时间窗口，以免消费者在计划变更时遭受不必要的经济损失。

2. 透明与公正的要求

此外，消费者保护法规要求旅游服务提供者在其广告和促销活动中准确描述服务内容，严禁任何形式的误导性营销。这包括提供真实的图片、详细的服务描述以及费用明细，确保消费者在做出购买决定前能够获得完整且透明的信息。

3. 投诉处理和纠纷解决

为了加强消费者权益的保护，法规还设立了专门的投诉处理机制。服务提供者必须设立有效的渠道接收和处理消费者投诉，及时响应消费者的问题和关切。对于处理不当或无法内部解决的问题，消费者可以向更高级别的监管机构或专门的消费者保护机构求助。

4. 旅游调解委员会

许多国家和地区设有旅游调解委员会或类似机构，这些机构专门处理与旅游相关的消费者争议。这些委员会通常由行业专家、消费者代表和法律专业人士组成，旨在通过调解而非法律诉讼来解决争端，这不仅有助于迅速解决问题，也减少了法律程序的复杂性和成本。

5. 推动行业服务质量提升

通过实施和维护这些消费者保护法规，不仅可以保障游客的权益，还可以促进旅游行业的诚信化和专业化，推动服务质量的持续提升。这种法规框架确保了旅游市场的健康运作，提高了消费者对旅游服务的信心和满意度，从而支持了旅游业的长期可持续发展。

第三节 信息技术基础设施的政策保障

信息技术基础设施包括那些支持数据处理、信息共享、通信和互联网服务的技术系统和设施。在现代旅游业中，这些技术设施成了连接旅游企业、目的地、服务提供商以及消费者的桥梁。从在线预订系统到移动导航工具，再到虚拟现实旅游体验，信息技术极大地扩展了旅游产品和服务的边界，提升了运营效率，并增强了消费者的旅游体验。例如，通过集成的管理系统，旅游服务提供者可以更有效地管理预订、客户关系、物流等关键业务流程，而消费者则可以享受到更便捷、个性化的服务。

政策制定者通过出台一系列措施和法规来推动旅游业的信息化发展，以适应数字化时代的需求。这些政策可能包括资金支持、技术培训、安全标准设定及鼓励私企参与信息技术基础设施的建设和维护。政府通常会设立激励措施，如税收优惠和财政补贴，以促进旅游业的数字化转型。此外，制定数据保护法规也是政府的一项关键职责，以确保在推广信息技术应用的同时，保护消费者的隐私和数据安全。这些政策不仅提高了旅游业的全球竞争力，也保障了行业的可持续发展，为旅游业务的扩展和创新提供了法律和结构上的支持。

一、国家层面的政策与战略

（一）国家信息化战略概述

国家信息化战略在当前的全球经济环境中发挥着至关重要的作用，特别是在推动各行各业，尤其是旅游业的数字化转型中。通过整合最新的信息技术，这一战略不仅旨在增强国内企业的全球竞争力，也致力于为消费者和服务提供商创造一个更加互联、高效和智能的服务环境。

1. 发展核心技术基础设施

战略的一个核心组成部分是发展高速互联网网络，这为各种在线旅游服务提供了必要的基础。云计算平台的推广和优化则进一步提供了数据存储和处理的能力，支持从预订系统到客户关系管理的各种应用。此外，大数据分析工具的应用使得旅游企业能够洞察市场趋势和消费者行为，优化服务供应链，从而更有效地满足客户需求。

2. 人工智能和移动应用

人工智能技术的整合是信息化战略中不可或缺的一环。AI技术能够在各个层面优化旅游服务，包括个性化旅游推荐、智能客服以及自动化管理等。同时，国家政策还强调支持移动应用开发，鼓励旅游业开发应用程序，这些应用程序能够提供便捷的旅游规划、即时通信和位置服务，极大地提升了游客的便利性和体验。

3. 虚拟与增强现实的应用

国家信息化战略还特别提到了推动虚拟现实（VR）和增强现实（AR）技术在旅游营销和体验中的应用。这些技术能够为用户提供沉浸式的旅游预览和实地体验，从而在实际旅行前吸引并激发游客的兴趣。VR和AR技术的应用不仅限于促销，它们还能在教育和文化展示中发挥重要作用，例如通过虚拟导览带领游客体验历史场景和文化遗产。

4. 政策支持和资金投入

为实现这些技术的广泛应用，国家级政策还明确了对相关研发的资金支持和政策优惠，包括税收减免、资金补助和研发资金的专项投入。这些措施旨在降低企业在信息化升级过程中的成本负担，加速创新技术的商业化进程，最终推动整个旅游行业的转型升级。

总之，国家信息化战略通过一系列综合措施，促进了旅游业的数字化进程，不仅提升了服务效率和顾客满意度，还有助于打开新的市场机会，使国内旅游业在全球市场中更具竞争力。

（二）国家对信息技术在旅游业中应用的具体支持措施

为了充分实施国家信息化战略并推动旅游业的数字化转型，政府可能会提供一系列具体的支持措施来促进信息技术的广泛应用。这些措施旨在通过财政、税收和技术支持等多方面手段，降低企业的初始投资和运营成本，同时激励创新和提高行业竞争力。

1. 财政投资与技术基础设施建设

政府可能会进行直接的财政投资，用于建设如高速互联网网络和先进的数据中心等必要的技术基础设施。这种基础设施是推动旅游业数字化不可或缺的物理基础，能够确保数据的高效处理和安全存储，为旅游业务提供强大的技术支持。此外，政府可能会投资于公共 Wi-Fi 项目，特别是在旅游热点地区，以提高游客的连通性和满意度。

2. 创新资助和研发补贴

为了鼓励旅游企业采用最新的信息技术解决方案，政府可能会提供创新资助和研发补贴。这些资金支持旨在帮助企业开发如人工智能驱动的客户服务系统、基于大数据的市场分析工具和其他数字营销技术。通过这种支持，旅游企业可以更容易地承担技术研发的高风险和高成本，推动行业内的技术创新和应用。

3. 税收优惠措施

政府还可能提供一系列税收优惠措施来支持信息技术在旅游业的应用。例如，可以减免企业为信息技术升级购买的设备和服务的相关税项，或为从事信息技术研发活动的企业提供研发税收抵免。这些税收政策能够有效降低企业在引入新技术时的财务负担，激励企业投入更多资源于技术革新。

4. 整体影响

这些政策不仅提高了旅游行业的整体技术水平，还为提升旅游体验和服务质量开辟了新的可能性。通过这种多维度的支持，政府帮助旅游行业构建了一个更加数字化、智能化和互联化的服务环境，使得旅游服务更加个性化、高效和安全，同时也增强了行业的全球竞争力。

二、地方政府的执行与支持

（一）地方政府的角色和职责

地方政府在旅游业信息化进程中的作用不可小觑。作为国家信息化战略在地方层面的实施者，地方政府的角色和职责涵盖了多个方面，确保旅游业的数字化转型能够有效响应地区的特定需求和优势。

1. 执行和调整国家信息化战略

首先，地方政府负责在本地区执行国家级的信息化战略。这通常涉及将国家政策与地方实际情况相结合，调整和优化政策执行的细节，以适应当地的旅游市场和技术环境。地方政府需要评估本地旅游业的特定需求，如游客流量、旅游资源的分布以及地方经济结构，从而制定出更具针对性的信息化推广计划。

2. 策划和部署本地技术基础设施

地方政府的另一项关键职责是策划和部署本地信息技术基础设施。这包括建设和维护公共 Wi-Fi 网络，以提供游客无缝的网络连接；发展城市监控系统，提高旅游地区的安全性；以及建设旅游信息服务站，提供游客信息咨询和紧急帮助服务。这些基础设施的建设不仅提升了旅游体验，还提高了目的地的管理效率和服务质量。

3. 维护和优化设施运营

除了建设基础设施，地方政府还需要确保这些基础设施的持续运营和维护。这包括定期更新软硬件设施，以适应新的技术发展和增长的用户需求，确保所有系统运行稳定且安全。持续的技术维护和升级是信息化基础设施能够持续服务公众和旅游业的关键。

4. 与私营部门的合作

地方政府在推动数字化旅游服务的发展中还需与私营部门紧密合作。通过合作，可以更有效地推广如在线预订平台、电子支付系统和数字导览服务等创新解决方案。地方政府可以通过提供财政补贴、税收优惠或其他激励措施，鼓励私营企业投资于这些技术的开发和应用。

总的来说，地方政府在旅游业的信息化推动中起到了桥梁和催化剂的作用，不仅实施和调整国家级战略，也根据本地需求定制和实施具体措施。通过这些综合性的角色和职责，地方政府能够确保信息技术在提升旅游服务质量、增加游客满意度以及促进地区经济发展中发挥最大效用。

（二）地方创新实践案例分析

地方政府的创新实践对旅游业的高质量发展具有重要的推动作用，不仅提升了旅游体验，还引领了技术在旅游业中的应用新趋势。通过投资建设智能旅游城市，一些地方政府已经将高科技解决方案成功整合到城市管理和服务提供中，从而改善和丰富了游客的旅行体验。

1. 智能旅游城市的构建

智能旅游城市的构建是地方政府创新实践的一个突出示例。这些城市通过部署IoT（物联网）设备、大数据分析和人工智能技术，实现了城市服务的智能化。例如，安装在公共场所的IoT传感器可以收集关于人流、交通、环境质量等的数据，这些数据经过分析后，可以用来优化城市的旅游资源分配和管理。

2. 提供个性化旅游体验

利用收集到的大数据和人工智能分析，智能旅游城市能够为每位游客提供定制化的旅游建议。基于游客的偏好和历史行为，系统可以推荐个性化的旅游路线、餐饮选择和娱乐活动，使得游客的旅程更加符合其个人兴趣和需求。

3. 优化交通系统和管理游客流量

智能旅游城市还利用技术来优化交通系统和管理游客流量。通过实时监控交通状况和游客分布，政府可以动态调整交通信号，部署公共交通资源，从而减少拥堵和等待时间。此外，通过预测游客流量，城市可以提前进行资源配置，如增加热门景点的工作人员或改进访问控制措施，以避免过度拥挤。

4. 实时旅游信息的提供

智能应用还能提供实时旅游信息服务，如天气更新、活动通知、紧急事件警报等，这些都通过手机应用直接推送至游客手中。此外，一些应用还能提供语言翻译、文化解读和导航等服务，极大地提高了非本地游客的旅游便利性和体验性。

地方政府通过这些创新实践不仅极大地提升了旅游体验的便利性和安全性，还有效地推动了旅游业的高质量发展。智能旅游城市的建设展示了技术与旅游业结合的巨大潜力，同时也为其他地区提供了可借鉴的成功案例。这些实践证明，通过科技的力量，可以实现更加高效、安全和个性化的旅游服务，进一步增强目的地的吸引力和竞争力。

三、监管与质量控制

（一）确保信息安全与数据保护

在旅游业的信息化进程中，确保信息安全和数据保护不仅是技术问题，更是信任和责任的问题。监管政策在这方面扮演着至关重要的角色，必须全面旨在防止数据泄露、滥用以及其他形式的网络攻击。

1. 制定严格的规范和标准

国家和地方政府通常会制定一系列规范和标准，要求旅游业务运营商采取必要的技术和组织措施来保护消费者数据。这些规范包括对数据的加密传输，确保信息在互联网上传输过程中的安全；数据的安全存储，采取可靠的服务器和物理安全措施来防止未授权访问；以及定期的安全审计，检查和评估安全措施的有效性。

2. 员工培训与安全意识

确保每一位涉及处理客户数据的员工都有充分的数据安全意识和训练是非常重要的。这包括定期进行数据保护和信息安全的培训，让员工了解如何正确处理敏感数据，识别潜在的安全威胁，以及在发现问题时采取的正确步骤。

3. 应对数据泄露的准备和措施

监管政策还需要规定在数据泄露事件发生时的应对措施。这包括确立一个快速反应机制，一旦发现数据泄露，立即采取行动以封锁安全漏洞，通知受影响的用户，并协调法律和技术专家进行事故调查和后续处理。这种应对措施的目的是最大限度地减轻数据泄露可能造成的损害，并恢复业务和消费者的信任。

4. 透明度和消费者权益

透明度也是信息安全政策的一个重要方面。消费者有权了解他们的数据如何被收集、使用和保护。因此，旅游业务运营商应被要求向客户清晰地说明其隐私政策和数据使用的具体情况。此外，消费者也应有权访问自己的个人数据，要求更正或删除不准确或处置不当的数据。

通过上述措施，可以建立一个全面的信息安全和数据保护框架，不仅保护消费者的个人信息安全，也为旅游业的长远发展奠定坚实的基础。这种全面的安全措施体系能够提升消费者对旅游业品牌的信任，进而推动行业的健康、可持续发展。

（二）标准化和认证程序，以确保信息技术服务质量

确保为旅游行业提供的信息技术服务符合高标准的质量要求是至关重要的。为此，建立一套完善的质量控制机制，涵盖服务标准化和认证程序，不仅可以保障服务的质量，还能增强消费者的信任和满意度。

1. 标准化过程

标准化过程是确保信息技术服务能达到预期质量的第一步。国家和国际标准化组织会制定一系列涵盖各种信息技术服务的标准，如云计算服务、数据管理、客户关系

管理系统等。这些标准定义了服务应达到的质量基准，包括系统的可用性、可靠性、安全性以及响应时间等关键指标。例如，云服务标准可能包括数据加密的要求、数据备份频率和灾难恢复能力。

2. 认证程序

认证程序是服务标准化的补充，它是一个由第三方独立机构执行的评审过程。通过认证程序，服务提供商的服务质量得到客观和公正的评估。这一过程通常涉及详尽的技术审核、现场检查和性能测试，确保服务提供商的技术方案和操作流程符合行业标准。成功通过认证的服务提供商获得认证标记，这是其服务质量的明确证明。

3. 行业影响

这一完善的质量控制机制不仅帮助旅游企业在选择服务提供商时做出明智的决策，也推动了整个信息技术服务行业的质量提升。服务标准化和认证过程促使服务提供商持续优化和升级其技术和服务，以满足严格的行业标准。

4. 消费者和业务运营的益处

对于消费者和旅游业务运营商而言，选择通过认证的服务提供商意味着更高的服务保障和更低的运营风险。标准化的服务可以提供更加稳定和可预测的业务环境，减少因服务质量问题导致的业务中断和相关损失。此外，标准化和认证过程的透明性还增加了行业的整体透明度，消费者可以更加容易地了解和比较不同服务提供商的服务质量和性能。

综上所述，通过建立一套全面的服务标准化和认证机制，可以显著提高为旅游行业提供的信息技术服务的质量，从而促进整个行业的健康发展，增强消费者信心，最终推动旅游业的持续繁荣。通过这些监管政策和质量控制机制，可以确保旅游业中的信息技术基础设施既安全可靠，又能满足日益增长的业务需求和复杂性，从而支持旅游业的高质量发展。

第七章 旅游政策与法规和旅游安全保障

第一节 旅游安全保障的政策法规体系

旅游安全包括保障旅游活动中旅客、从业人员、服务提供商和环境的安全与健康。这一概念覆盖了从交通安全、住宿安全到活动安全和环境保护等多个层面。安全措施包括但不限于风险管理、紧急应对、安全教育以及相关法规的执行。

旅游安全是旅游业成功的关键因素之一，直接影响到目的地和服务提供者的信誉及其吸引力。有效的安全管理不仅有助于预防事故和危机，从而保护旅客的生命财产安全，还能增强消费者对旅游品牌和目的地的信任，从而促进旅游业的长期发展。此外，良好的安全记录可减少法律纠纷和保险成本，进一步提升业界整体的经济效益和市场竞争力。通过这种方式，旅游安全被置于旅游业发展策略的核心，确保了业界的可持续发展和公众信任的维系。

一、国际安全标准与政策

（一）主要国际旅游安全标准与协议

国际旅游安全标准和协议为确保全球旅游业的安全性提供了重要的规范和基准。这些标准和协议覆盖了旅游业的多个关键领域，从飞行安全到酒店业务，再到水上娱乐活动等，为行业的安全操作提供了明确的指导和框架。

1. 飞行安全标准

飞行安全是国际旅游安全标准中最为关键的部分之一。国际民航组织（ICAO）制定的安全标准致力于确保全球航班的安全运行。这些标准包括飞行员训练、飞机维护、空中交通管理以及应急响应等多个方面。通过全球范围内的统一实施，ICAO 的标准有助于减少航空事故和提高乘客安全。

2. 酒店安全标准

酒店安全也是国际旅游安全的重要组成部分。国际酒店安全标准涵盖了防火、食品安全、客房安全以及紧急疏散等多个方面。这些标准旨在确保酒店运营的各个环节都能达到高安全性标准，从而保护旅客和员工的安全。例如，紧急疏散指示清晰、食品处理符合卫生要求以及防火系统的完善等，都是国际酒店必须遵循的安全规范。

3. 水上娱乐活动安全标准

对于那些提供水上娱乐活动的旅游目的地，如潜水、游艇服务和水上乐园等，也有专门的安全标准和协议。这些标准通常涉及设备安全检查、救生员的配置、参与者安全培训以及事故应急计划。通过实施这些安全措施，水上娱乐活动提供者能够有效预防和减少事故发生，保证游客的安全。

4. 实施与监督

为了确保这些安全标准得到有效实施，相应的国家和地方旅游监管机构会进行定期的检查和评估。这些机构不仅检查旅游服务提供者是否遵守安全标准，还会对不合规的行为进行处罚，以维持高标准的安全实践。

总而言之，国际旅游安全标准与协议为全球旅游业的安全运营提供了坚实的基础。通过全球性的实施与监管，这些标准确保旅游活动在保护游客和从业人员安全的同时，也能够提升整个行业的信誉和可靠性。

(二) 国际旅游组织在安全政策制定中的作用

国际旅游组织在全球旅游安全政策的制定和执行中起到了不可或缺的作用。国际组织如联合国世界旅游组织（UNWTO）是制定国际旅游安全标准的先锋，确保旅游业的安全性和可持续性。

1. 推动国际安全协议的形成

UNWTO等国际旅游组织致力于推动国际安全协议的形成，这些协议为全球旅游安全标准提供了法律和道德框架。通过制定广泛认可的安全准则，这些组织帮助确保从航空安全到酒店运营的每个方面都遵循最高的安全标准。这些准则通常包括应急响应措施、健康和安全协议，以及可持续旅游实践。

2. 提供指导和支持

UNWTO不仅在制定安全标准方面起到领导作用，还提供指导和支持，帮助其成员国在国内实施这些国际安全标准。通过提供技术支持、培训程序和专业知识，UN-

WTO确保其成员国具备实施和维持这些标准所需的能力。这包括培训安全官员、提供安全设备的最新知识和技术，以及支持安全基础设施的建设。

3. 加强能力建设

UNWTO通过组织研讨会、培训和其他教育活动，加强成员国在旅游安全领域的能力建设。这些活动旨在提升从业人员的专业技能和应急处理能力，确保他们能在日常操作中和危急情况下坚持国际最佳实践。

4. 促进信息共享和最佳实践交流

国际旅游组织还通过促进信息共享和最佳实践的交流，提高全球旅游安全标准。这通过组织国际会议、工作坊和网络研讨会来实现，参与者可以在这些平台上分享经验、讨论新挑战并探索创新解决方案。这种开放的交流和合作有助于全球旅游行业对安全威胁做出更快、更有效的响应。

5. 推动政策的更新与改进

随着新技术的发展和新挑战的出现，UNWTO及其合作伙伴持续监控和评估现有的安全政策，确保这些政策能够应对当下的安全需求。这种持续的政策更新和改进过程确保旅游行业能够适应快速变化的全球环境，保护旅游消费者和业务运营商的安全。

总之，国际旅游组织如UNWTO在全球旅游安全政策的制定、实施和持续改进中扮演着核心角色。这种国际合作和政策引导不仅增强了全球旅游业的安全性，还提高了行业的透明度和责任感。

二、国家层面的政策与法规

（一）国家安全法规

国家安全法规是确保旅游业安全性和可靠性的基石，对维护旅游市场的整体运行至关重要。这些法规广泛覆盖了交通安全、住宿安全、消费者保护以及公共卫生等多个关键领域，形成了一张全面的法律保护网，确保旅游活动的各个方面都能达到国家安全标准。

1. 交通安全规定

交通安全是旅游业中的一个重要领域，涉及旅游巴士、租车服务和航空公司等多种交通工具。国家安全法规在此领域设定了严格的标准和操作规程，确保所有交通工具都遵守高安全标准。这包括车辆的定期维护检查、驾驶员的专业培训以及应急预案的制定。此外，这些规定还涉及交通工具上的安全设施配置，如安全带、应急出口标识和消防设备，以及对于电子导航和通信设备的安全要求。

2. 住宿安全法规

住宿行业的安全法规主要关注建筑结构安全、火灾防护以及室内环境质量。政府要求所有住宿设施，包括酒店、旅馆和短租房，都必须符合国家的火灾安全法规和建筑安全标准。这包括安装有效的火警报警系统、足够的消防设施、紧急疏散指示和安全出口的明确标识。同时，还要确保住宿设施的电气系统和燃气设施符合安全标准，以预防意外事故的发生。

3. 消费者保护和公共卫生

消费者保护法规确保旅游服务提供者公正、诚实地提供服务，不进行误导性宣传，同时为消费者提供充分的信息以做出知情选择。此外，公共卫生法规尤其在近年来变得极为重要，它要求旅游业务运营商采取适当措施，如保持环境卫生、提供清洁的饮用水和适当的食品安全措施，以保护游客免受传染病和其他健康风险的影响。

4. 法规的制定和执行

这些安全法规通常由国家立法机关制定，并由各相关部门如交通安全局、住建部、卫生部门等监管机构执行。这些机构不仅负责监督和检查，确保业务运营符合法规要求，还负责对违反安全法规的行为进行处罚，确保法规的严肃性和执行力。

综上所述，国家安全法规在旅游业中的作用不可或缺，它通过确保服务的高标准和安全性，增强了消费者的信心，推动了旅游业的健康和可持续发展。

（二）应急管理政策

国家层面的应急管理政策在确保旅游安全中扮演着至关重要的角色，特别是在应对如自然灾害、恐怖袭击或大规模健康危机等突发事件时。这些政策为旅游行业提供了全面的危机管理框架，从事前的风险评估与准备，到危机发生时的响应，再到事后的恢复与评估，形成了一个完整的应急管理周期。

1. 事前规划与风险评估

应急管理政策首先着重于事前的规划和风险评估。这包括识别潜在风险，如地震、洪水、疫情等自然和人为因素，并制定相应的预防措施和准备计划。政府通常会与地方旅游部门合作，确保旅游目的地具备必要的基础设施和资源，以应对可能的紧急情况。这些准备工作也包括建立早期预警系统和紧急联系网络，以便在危机发生时迅速启动应急程序。

2. 危机响应

在危机响应方面，应急管理政策强调快速和协调的反应机制。政府通常设立专门的应急管理机构，如民防部门或专门的旅游危机管理中心，负责在紧急情况发生时协调各方力量，执行救援行动。这包括动员救护车辆、医疗队伍和安全人员，以及实施疏散计划。同时，确保及时的信息传播也至关重要，以防止恐慌和误解，保证游客和当地居民能够获取准确的安全指导。

3. 事后恢复与评估

事后恢复也是应急管理政策的重要组成部分。一旦紧急情况得到控制，政策会指导如何进行灾后恢复和重建工作，包括修复基础设施、恢复旅游服务，以及提供心理健康支持和咨询服务给受影响的游客和员工。此外，事后评估是提升未来应急反应能力的关键，政府会对此次应急响应的有效性进行回顾，识别存在的不足，并根据经验教训调整和完善未来的应急管理策略。

4. 培训与教育

最后，对旅游业从业人员的持续培训也是应急管理政策的一部分。定期的紧急疏散演练、急救技能培训，以及关于如何在灾害发生时保持冷静和有效通信的教育，都是提高整个旅游行业应对突发事件能力的重要措施。

总体而言，国家的应急管理政策通过这些综合措施，不仅增强了对旅游行业突发事件的应对能力，也提升了整个社会的安全意识和灾害管理能力，从而保障了旅游活动的安全性和可靠性。

（三）旅游安全监管机构

旅游安全监管机构在确保国家旅游安全政策得到有效执行中扮演着至关重要的角色。这些机构，包括文化和旅游局、公共安全部门、交通运输部门、卫生部门以及地方政府等，都是旅游安全体系中的关键组成部分。它们不仅负责制定和监督旅游安全规范，还确保这些规范得到恰当的执行，以保障游客及从业人员的安全。

1. 制定和更新安全规范

旅游安全监管机构首要职责是制定和不断更新旅游安全规范。这包括针对旅游运输、住宿、餐饮服务、娱乐活动等方面的详细安全标准。例如，制定确保酒店消防安全的规定、旅游车辆的安全维护标准以及户外活动的安全操作程序。这些规范是保障旅游活动安全的法律基础。

2. 监督和执行

这些监管机构还负责监督旅游市场，确保所有旅游服务提供者遵守国家的安全法规。这通常涉及定期的检查和评估，包括对旅游设施的安全性进行审查，确保旅游操作符合法律要求。此外，监管机构会对报告的安全事故进行调查，分析事故原因，并采取措施防止未来的重复事件。

3. 处罚与法律执行

当发现旅游服务提供者违反安全法规时，旅游安全监管机构有权进行处罚。这可以包括罚款、暂停营业或撤销营业执照等。这些措施确保了法规的严肃性和执行力，对保持行业标准具有重要作用。

4. 教育与信息提供

除了监督和执行外，旅游安全监管机构还负责向公众和旅游行业从业人员提供必要的安全教育和信息。这包括发布旅游安全指南、开展安全培训课程以及在媒体上发布安全相关的公告和警告。这些活动帮助提高公众和从业人员对旅游安全的认识，增强他们处理紧急情况的能力。

通过这些综合职能，旅游安全监管机构在维护旅游业的安全、稳定与可持续发展中起到了不可替代的作用。他们的工作确保了旅游行业的健康发展，同时也保护了消费者的利益，使旅游成为一种安全愉快的体验。

四、地方政策与实施

（一）地方政府在旅游安全中的角色和职责

地方政府在维护旅游安全中发挥着至关重要的角色，这不仅涉及执行国家级的安全政策，还包括根据本地的特定环境和需求，制定和调整具体的安全措施。这种地方层面的活动确保了旅游安全政策能够有针对性地解决各地区可能面临的独特挑战。

1. 跨部门协调

地方政府的一个主要职责是协调涉及旅游安全的不同部门，包括地方文旅局、公安部门、卫生部门、交通运输部门等。这种协调确保了政策和措施的连贯性，使得从交通安全到公共卫生、从防范到紧急响应的各个方面都能得到有效管理。例如，在面对旅游高峰期时，地方政府会协调交通运输部门加强对主要旅游道路的监控和管理，以预防交通拥堵和事故的发生。

2. 安全风险评估与应急计划

地方政府还需定期进行旅游目的地的安全风险评估，这包括自然灾害风险评估、治安状况分析等。基于这些评估，地方政府将制定相应的应急计划，包括自然灾害的应对措施、突发公共卫生事件的快速反应等。通过这些计划，地方政府能够在紧急情况发生时，迅速动员资源和人员，减少安全事件对旅游业和公众的影响。

3. 公众教育与信息发布

除了管理和应对措施，地方政府还负责进行公众教育和信息发布。这包括提高游客和旅游从业人员对于安全风险的意识，教育他们如何在遇到紧急情况时保护自己。地方政府通过网站、社交媒体、旅游信息中心等渠道，发布实时的旅游安全信息、天气预警、健康和安全提示等，帮助游客做出更安全的旅行决策。

4. 局部特定措施的实施

地方政府还会根据当地的旅游特点和需求，实施特定的安全措施。例如，如果一个地区以海滩旅游著称，地方政府可能会增设救生员、海滩安全标志，以及进行水质监测，确保游客的水上活动安全。

通过这些职责的履行，地方政府确保了旅游安全政策不仅在纸面上存在，而且能够在实际操作中有效地保障每一位游客和从业人员的安全，促进旅游业的健康发展。

（二）地方旅游安全法规的实施与监管

地方政府在确保旅游安全方面担负着重要责任，通过制定和执行反映本地特点的旅游安全法规来实现这一目标。这些法规通常针对旅游行业的多个关键领域，如住宿安全、交通运营、环境保护以及消费者权益保护等，以保障旅客的安全及提升整体旅游体验。

1. 制定地方旅游安全法规

地方政府根据本地的地理、文化和经济条件，制定适合的旅游安全法规。例如，针对旅游住宿的法规可能包括具体的消防安全标准，如火警报警系统的强制安装、紧急出口的规范设置以及定期的消防演习。对于公共交通安全，地方性法规可能规定运营车辆的维护频率、驾驶员资格认证以及乘客安全设施的必备条件。此外，环境保护法规可能要求旅游活动中的垃圾分类、野生动植物保护以及对自然资源的可持续利用。

2. 实施与监管体系的建立

为确保这些法规的有效执行，地方政府需要建立一个全面的监管体系。这一体系通常包括对旅游相关企业的定期检查，确保它们严格遵守安全法规。监管措施包括但不限于：

（1）许可证发放与更新

所有旅游相关企业，包括酒店、旅行社和运输公司，都需要获得地方政府颁发的许可证，以开始或继续其业务活动。这些许可证的发放和更新依赖于企业遵守所有相关法规的能力。

（2）现场检查

监管部门会不定期进行现场检查，评估企业的安全措施是否达标，如消防安全、食品卫生以及员工的安全培训情况。

（3）安全培训及认证

地方政府还会提供或强制要求企业员工参加安全培训，并通过认证，以提高他们处理紧急情况的能力。

（4）法律责任与处罚

对未能遵守安全法规的企业，政府将施以罚款、暂停营业或其他法律措施，以此作为遵法的激励。

3. 教育和公众信息

除了监管措施，地方政府还通过教育和信息发布活动，增强公众和旅游业从业人员的安全意识。这包括举办公共安全讲座、发放安全指南和在媒体上发布安全警告和提示。

通过这些综合措施，地方政府在保障旅客安全和推动旅游业可持续发展中起到了关键作用，不仅增强了旅游目的地的吸引力，也提升了整个地区的旅游品质和声誉。

四、旅游业者的责任与实践

（一）旅游企业在确保旅游安全中的责任

旅游企业在确保旅游安全中承担着核心的责任，作为提供旅游产品和服务的直接主体，他们的行动和决策直接影响到游客的安全和满意度。因此，企业在多个方面必须采取积极措施，以保障所有相关利益者的安全。

1. 设施与设备的安全维护

首先，旅游企业必须确保其所有旅游设施和设备均处于良好和安全的运行状态。这包括定期检查和维护交通工具、住宿设施、娱乐设备以及其他与旅游相关的基础设施。例如，游乐园需要定期对游乐设备进行技术检查和安全测试，而酒店则需要检查其消防系统和建筑结构的安全性。通过实施这些措施，企业可以预防安全隐患，减少事故发生的可能性。

2. 准确无误的信息提供

旅游企业还负责确保提供给游客的所有信息准确无误，包括旅游产品的详细描述、价格信息、安全须知及紧急联系方式等。信息的准确性不仅关系到消费者权益的保护，也是预防误解和投诉的关键。例如，企业应明确告知游客可能的风险和安全措施，尤其是在涉及冒险活动（如潜水、攀岩等）时。

3. 遵守安全法规及标准

遵守国家和地方的安全法规及行业标准是旅游企业的法律责任。这包括遵循交通安全规定、消防法规、卫生标准等。企业必须与地方政府和监管机构保持密切合作，确保所有操作和服务符合最新的法律要求。此外，对国际旅游活动，企业还需要了解并遵守目的地国家的相关法规。

4. 安全培训与应急准备

提供必要的安全培训和应急设备给员工，是企业确保员工和游客在紧急情况下能够得到有效保护的重要措施。这包括对员工进行消防安全、急救技能、危机管理等方面的培训。企业应制定应急预案，如疏散路线、联系机构和紧急响应流程，以及进行定期的演习，以提高员工的应急反应能力和协调性。

综上所述，旅游企业在确保旅游安全中的角色不仅是被动的法规遵循者，更是主动的安全宣导者和实践者。通过实施这些措施，企业不仅能够保护游客和员工的安全，还能够提升自身品牌的信誉和竞争力，为旅游业的健康发展作出贡献。

（二）安全培训与教育

安全培训和教育对于旅游企业来说是确保游客和员工安全的基石，它直接关系到企业能否有效应对突发事件并减少可能的安全事故。因此，旅游企业投资于全面且系统的安全培训和教育非常关键。

1. 员工安全培训

旅游企业应定期组织安全培训课程，确保所有员工都具备必要的安全知识和应急反应技能。这些培训通常包括：

（1）急救技能

培训员工进行基本的急救操作，如心肺复苏术（CPR）、使用自动体外除颤器

(AED）和处理常见的旅游相关伤害。

（2）火灾应对

教授员工如何在火灾发生时采取正确的应对措施，包括使用灭火器、执行疏散程序以及安全引导游客。

（3）疏散演练

定期进行疏散演练，确保员工熟悉紧急疏散路线和流程，能够在实际发生紧急情况时，迅速而有序地疏散游客。

通过这些培训，员工不仅能提高自身的安全技能，也能在紧急情况下更好地保障游客的安全。

2. 游客安全教育

对于涉及高风险活动的旅游项目，如潜水、攀岩、越野驾驶等，企业应确保所有参与者在活动前接受充分的安全教育和训练。这包括：

（1）风险告知

向游客明确介绍活动可能带来的风险，以及必要的安全措施。

（2）安全演示

在活动开始前进行详细的安全演示，展示安全设备的正确使用方法。

（3）实际操作训练

在安全的环境下让游客实际操作，例如，在进行潜水活动前在浅水区进行潜水练习。

3. 安全文化的培养

最终，通过这些安全培训和教育，旅游企业应致力于在其组织内部培养一种安全文化，其中安全是每个员工和游客的首要任务。企业应通过持续的沟通、反馈和更新培训内容，不断强化这一文化。

通过这种全面的安全培训和教育策略，旅游企业不仅可以提升其服务质量，增加游客的满意度和忠诚度，还能有效地预防和减少事故发生，保护企业的声誉和经济利益。这不仅是对游客和员工负责，也是企业可持续经营的关键部分。

（三）旅游业者与政府合作的模式：共同提升旅游安全

旅游业者与政府的合作是提升旅游行业安全标准的关键途径，通过这种合作，双方可以共同制定更高效、更具体的安全政策和应急计划。这种伙伴关系通常表现在几个主要领域：共同参与安全规划、政策制定、危机管理演练，以及安全标准的实施。

1. 安全规划与政策制定

旅游企业通过与政府机构的直接对话，可以将它们在日常运营中遇到的实际安全问题和挑战带到政策制定的桌面上。这种从业者的视角对于政府制定全面且实用的旅游安全政策至关重要。例如，旅游业者可以提供关于游客常见安全问题的数据支持，帮助政府在制定新规或修改现有法规时更准确地定位安全漏洞。

2. 紧急响应演练

合作还体现在共同进行紧急响应演习方面，如地震、火灾等自然灾害和人为紧急情况的演练。通过这些演习，旅游业者和政府能够测试和优化现有的应急预案，确保在真实的危机发生时，能够迅速有效地行动。例如，地震频发区域的酒店可能与当地应急管理局合作，定期进行疏散演练，确保员工和客人了解在地震发生时的行动路线和安全措施。

3. 资金支持与技术指导

政府通常会为旅游业者提供必要的资金支持和技术指导，帮助他们升级安全设施或引入先进的安全管理技术。这可能包括提供低息贷款用于安全相关的设施改造，或者提供专家咨询服务，帮助企业建立或完善内部安全管理系统。

4. 共同增强公众意识

此外，旅游业者和政府还可以共同开展旅游安全宣传活动，增强公众的安全意识。这种活动可能包括安全信息的公开发布、安全教育研讨会和安全知识的社区推广。

通过这些合作模式，旅游业者与政府可以共同努力，不仅提升各自在安全管理方面的能力，而且也为确保广大游客的安全提供了坚实的保障。这种协同合作模式为旅游业的可持续发展奠定了基础，使旅游目的地能够在保障安全的同时，提供高质量的旅游体验。

五、新技术在旅游安全中的应用

（一）应用现代技术提升旅游安全

在旅游安全管理中，现代技术的应用已成为不可或缺的一部分，极大地提高了监控效率和紧急响应的速度。技术如全球定位系统（北斗）、人工智能（AI）、物联网（IOT）和其他数字工具正在彻底改变行业的运作方式。

1. 北斗监控系统的应用

北斗技术使旅游企业能够实时追踪所有旅游车辆的精确位置，确保每一个旅行团都按预定路线行进,从而增加行程的安全性。在出现偏离路线或车辆故障等紧急情况时,企业能够迅速做出响应,派遣救援队伍到具体位置进行援助。此外,北斗也可用于监控旅游景区中游客的分布,避免拥挤和潜在的安全风险。

2. 人工智能在安全管理中的角色

人工智能技术,尤其是在数据分析和行为预测方面,正逐渐在旅游安全管理中展示其巨大的潜力。AI系统能够分析大量的历史安全数据和实时反馈,识别出高风险因素和模式,预测潜在的安全问题。例如,AI可以分析旅游高峰期的游客流量和行为,预测可能发生的安全事故,从而使管理者能够提前部署额外资源或调整游客路线,减少事故发生的可能性。

3. 物联网(IOT)技术的应用

物联网技术通过将传感器和智能设备部署在旅游设施和交通工具中,进一步加强了安全监控和管理能力。这些设备能够实时收集环境数据(如天气条件、设备状态等),并将数据发送回中央监控系统。利用这些信息,旅游企业可以更有效地管理其资源,快速响应可能的安全威胁。

4. 综合安全平台的建设

许多旅游企业和地方政府正投资建设综合安全管理平台,这些平台整合了北斗、AI、IoT等技术,提供一个统一的视图,帮助安全运营中心更有效地监控和管理旅游安全。平台能够实时显示所有关键信息,并在紧急情况下自动触发警报和响应流程。

通过这些现代技术的应用,旅游行业不仅能提升对现有安全威胁的响应能力,还能预防未来潜在的风险,确保旅游活动的顺利进行。这些技术的进一步发展和应用预计将继续推动旅游业安全管理向更高效、更智能的方向发展。

(二)数字化管理系统在提升响应能力中的作用

数字化管理系统在旅游行业中扮演了至关重要的角色,特别是在提升安全响应能力方面。通过利用高级数据集成和实时通信技术,这些系统能够从多个渠道聚合关键的安全信息,为决策者提供一个全面的安全监控和响应平台。

1. 集成关键安全信息

数字化管理系统能够集成来自多种来源的安全信息,包括但不限于天气预警、地区冲突信息、交通状态更新、旅游景点的实时人流数据等。这些信息通过先进的数据处理技术进行分析和呈现,帮助管理者和从业人员实时了解环境变化和潜在风险,从而做出快速而准确的决策。

2. 自动化警报和即时通信

在紧急情况发生时，如自然灾害或安全事故，数字化管理系统可以自动触发警报，立即向管理层、安全人员、旅游从业人员和游客发送警告和指导信息。这些系统通常配备有先进的通信功能，如短信、移动应用推送通知和电子邮件，确保所有相关方都能在第一时间收到必要的信息，以便及时采取避险措施或进行疏散。

3. 支持虚拟培训和演练

数字化管理系统还支持虚拟培训和模拟演练，这是提高从业人员处理突发事件能力的关键工具。通过模拟各种紧急情况，从业人员可以在控制的虚拟环境中练习应对技巧，如疏散程序、急救操作和危机沟通。这种培训可以提高员工在真实情况下的反应速度和效率。

4. 效率与有效性的提升

通过实现这些功能，数字化管理系统不仅提高了安全管理的效率，也极大提升了旅游目的地和企业对紧急情况的整体响应速度和有效性。在全球旅游业面临日益复杂的安全挑战时，这种系统的作用变得尤为重要，它帮助确保游客的安全，维护旅游业的良好声誉，促进行业的可持续发展。

通过整合和利用这些先进技术，旅游行业可以更好地预防和管理潜在的安全风险，确保游客和员工的安全，提升游客对旅游目的地的信任和满意度。

六、消费者教育与公众参与

（一）旅游安全意识的普及

普及旅游安全意识在保护游客及提升旅游目的地的整体安全中扮演着至关重要的角色。这种教育的核心目的是使游客能够识别和应对潜在的安全风险，从而预防事故的发生，并在遇到紧急情况时能够有效地保护自己。

1. 多渠道推进安全信息传播

（1）旅游网站和预订平台

利用这些平台提供全面的安全指南和建议是增强游客安全意识的有效方法。在游客预订旅游产品如酒店、旅行团时，可以提供目的地的安全信息、当地法律法规、健康和安全提示等。

（2）信息中心和宣传材料

在各大旅游景点设置信息中心，向游客提供包含安全信息的宣传册和地图，如紧急出口位置、安全集合点、当地紧急服务电话等。这些信息中心也可以展示关于当地自然环境和文化的安全特别提示，帮助游客了解如何在不同环境下保持安全。

（3）社交媒体和移动应用

运用现代技术通过社交媒体和专门的移动应用程序发送实时的安全提醒和天气预警。这些平台可以快速传达紧急信息，如自然灾害、交通事故或其他安全威胁。

2. 针对性安全培训

旅游企业应提供针对性的安全培训，尤其是对于涉及较高风险的活动，如潜水、登山、越野车驾驶等。这些培训应包括：

（1）安全知识教育

教授参与者有关活动的基础安全知识，如设备使用方法、环境适应技巧、急救技能等。

（2）实际操作训练

在安全的环境中进行实际操作，确保参与者在实际活动前能够熟练掌握安全操作技能。

（3）应急反应训练

模拟可能发生的紧急情况，训练参与者如何快速有效地做出反应，以最大限度地减少风险。

通过这些教育和培训措施，旅游企业不仅能够提升游客的安全意识和自我保护能力，也能显著降低事故发生率，提高整个旅游行业的安全水平。这样的努力将直接反映在游客的满意度和信任度上，进一步推动旅游业的健康可持续发展。

（二）消费者参与旅游安全保障的措施

消费者的积极参与对于提升整体旅游安全具有至关重要的作用。通过让游客直接参与到安全保障的过程中，不仅可以增强个人的安全意识，还能提升整个旅游行业的安全标准。

1. 主动遵守安全规则

游客应当在旅程中积极遵循旅游目的地的安全规则和指南。这包括遵守交通规则、使用安全装备、遵循当地的环境保护规定等。通过这些基本的遵规行为，游客可以显著减少个人及他人遭受安全事故的风险。

2. 使用技术工具报告安全问题

借助现代技术，游客可以使用专门开发的应用程序来实时报告任何潜在的安全威胁或设施缺陷。这些应用通常包括位置标记、照片上传和紧急联系功能，使得游客可以直接与旅游服务提供者或当地紧急服务机构联系，及时解决问题。

3. 参与在线社区与评价系统

消费者还可以通过在线论坛、旅游评价网站和社交媒体平台分享自己的旅行经验，特别是与安全相关的观察和建议。这不仅帮助其他游客在准备旅行时做出更明智的决策，也为旅游企业提供了反馈，帮助他们了解服务中的安全漏洞，并进行改进。

4. 政府与机构的鼓励政策

政府和相关旅游监管机构可以通过建立旅游安全监督员计划或志愿者体系，鼓励消费者更积极地参与旅游安全管理。这些计划可以让志愿者在旅游高峰期对旅游地的安全状况进行监督，提供安全指导和信息，以及在紧急情况下提供初步的响应支持。

通过这些措施，消费者可以成为旅游安全保障的重要力量，他们的参与不仅增强了自身的安全意识，也促进了整个旅游行业安全管理体系的持续改进和更新。这种全民参与的模式有助于构建一个更安全、更可靠的旅游环境，最终实现旅游业的可持续发展。

第二节　旅游风险管理与应急预案

旅游风险管理指的是识别、评估、监控，并采取预防措施来减少或消除可能影响旅游体验的负面因素的过程。这种管理是旅游业务连续性计划的核心部分，对于保护旅客安全、维护旅游企业声誉、确保经济效益至关重要。良好的风险管理不仅可以减少意外事件的发生，还能增强游客的信心，提升整体旅游体验。

有效的风险管理策略需要综合考虑这些风险因素，并制定相应的应对措施，以保障旅游业的健康发展。

一、安全风险识别与评估

（一）识别和评估旅游中潜在风险的方法和技术

在旅游业中，有效地识别和评估潜在风险是关键环节，这不仅保障了游客的安全，也显著提升了旅游体验的整体质量。以下是业界采用的几种主要方法和技术，用于进行综合的风险管理。

1. 风险地图的创建

利用地理信息系统（GIS）技术创建风险地图是一种高效的方法，这可以帮助旅游规划者和游客清晰地识别目的地的潜在风险区域。风险地图可以详细标出自然灾害频发区域、历史上有政治动荡的地点、疾病高发区以及其他可能影响旅游安全的因素。这些地图需要常常更新，以反映最新的安全信息和环境变化。

2. 风险评估模型的应用

通过引入风险评估模型，如故障树分析（FTA）和事件树分析（ETA），旅游企业能够定量和定性地预测和评估可能对旅游活动造成影响的风险事件的概率和后果。这些模型帮助企业从统计数据中洞察潜在风险，进行科学决策，从而制定更为有效的预防措施和应急计划。

3. 模拟演练的重要性

模拟演练是测试和改进旅游设施和服务人员应急响应能力的重要手段。通过在控制环境中重现火灾、恐怖袭击、自然灾害等各种危机情况，旅游企业可以评估现有安全措施的有效性并识别需要改进的领域。这些演练不仅提高了员工的应对能力，也增强了游客对旅游企业做好应急准备的信心。

4. 定期的安全培训

除了以上技术和方法，定期的安全培训也是确保旅游安全的关键。通过培训，从业人员可以不断更新他们的知识和技能，以应对旅游中可能遇到的各种突发情况。这些培训通常包括急救技能、安全操作程序、客户服务中的安全考虑等。

通过这些方法和技术的应用，旅游业可以建立一个全面的风险管理框架，确保游客的安全得到最大程度的保护，同时提升旅游目的地的吸引力和竞争力。这种综合的风险管理策略是实现旅游业可持续发展的基石。

（二）不同类型旅游风险的实际案例及其影响

在旅游业中，应对各类风险和危机的能力至关重要，以下是一些具体的案例，展示了不同类型旅游风险的实际影响及应对措施。

1. 自然灾害案例：印尼巴厘岛火山喷发

（1）事件概述

2017年，印尼巴厘岛阿贡火山的喷发预警导致了大规模的航班取消和游客疏散，严重打击了该岛的旅游业。

（2）影响与应对

此次火山活动的预警阶段，当局及时发布了旅游安全警告，并组织了有序的疏散行动，减少了人员伤亡。虽然旅游业受到暂时冲击，但通过有效的危机管理和国际合作，巴厘岛逐渐恢复了旅游活动。

（3）教训与改进

这一事件强调了地质风险评估的重要性以及建立快速通信和应急响应系统的必要性。此后，巴厘岛加强了与国际旅游和安全机构的合作，提升了应对自然灾害的能力。

2. 恐怖袭击案例：法国巴黎恐怖袭击

（1）事件概述

2015年11月，巴黎遭受一系列恐怖袭击，对当地及全球旅游业造成了深远影响。

（2）影响与应对

事件后，巴黎和其他主要城市加大了在旅游重点地区的安全投入，如增设监控摄像头和安保人员，同时加强了紧急响应和游客支持服务。

（3）教训与改进

巴黎恐怖袭击强化了国际合作在打击恐怖主义和提升公共安全中的重要角色。旅游业界也加强了与政府机构的沟通，共同制定更为严格的安全措施和应急预案。

3. 健康危机案例：全球COVID-19大流行

（1）事件概述

2020年初，COVID-19疫情迅速蔓延至全球，严重中断了国际旅行，使全球旅游业面临空前挑战。

（2）影响与应对

旅游业实施了一系列新的卫生安全措施，包括健康监测、实施社交距离和加强清洁消毒程序。许多目的地推出了"安全旅游认证"程序，以恢复游客的信心。

（3）教训与改进

疫情凸显了全球旅游业在应对突发公共卫生事件方面的不足。此后，多个国家和地区加强了健康安全基础设施，改进了疫情监测和信息共享系统，为可能出现的未来卫生危机做好了更全面的准备。

通过分析这些案例，旅游业可以学习如何更有效地识别风险、评估潜在影响，并采取适当的预防措施来保护旅游参与者的安全，从而促进旅游业的可持续发展。

二、政策框架与法规

(一) 国家级政策：总体旅游安全与风险管理政策

国家级政策在确保旅游安全和有效风险管理方面扮演着核心角色。这些政策不仅提供了防范和应对旅游中发生的各种风险的指导原则，还确保了政府、旅游企业和消费者之间的责任和义务明确划分。

1. 立法措施

政府采取的立法措施对于规范旅游业的运营至关重要，通过实施旅游安全法、消费者保护法等相关法律，旨在确保旅游活动在一个安全、可靠的环境中进行。这些法律详细规定了旅游企业的责任，如提供安全的设施、准确的信息和公平的服务，同时也保护消费者的权益，如确保他们获得应有的服务，并在旅游过程中得到合理的消费者保护。这种立法不仅帮助提高行业标准，还为处理旅游中的争议提供了法律依据，从而维护了整个旅游生态的健康发展。

2. 政策支持

政策支持在增强旅游业整体安全性方面发挥着核心作用。这些政策包括为旅游从业人员提供全面的安全培训，确保他们具备必要的应急响应技能和知识。此外，政府还努力建立专门的旅游警察部队，专责监督旅游地的公共安全，及时应对各种安全事件。同时，发展旅游医疗援助服务也是政策支持的一部分，旨在为游客提供紧急医疗救助和相关健康服务，特别是在偏远或高风险的旅游目的地。这些措施共同构成了一个多层次的安全保障网络，显著提升了旅游行业的安全标准和游客的信心。

3. 监督和执行

监督和执行是确保旅游安全政策得到实际应用的关键环节。这一过程包括定期对旅游设施和服务进行检查和安全审计，确保所有操作符合法定安全标准。此外，政府机构会对发现的安全违规行为实施严厉的处罚，如罚款、吊销营业执照或其他法律制裁，以此强化行业遵规意识。这种系统性的监督和严格的执行措施共同作用，不仅提高了旅游服务的整体安全性，也保障了游客的安全和利益，确保旅游行业能在一个规范和安全的环境中健康发展。

(二) 遵守国际协议与标准

国际协议和标准对于提升国内旅游安全和风险管理实践具有指导和推动作用。这些国际框架促进了全球旅游安全标准的统一，并为国内政策提供了参考和依据。这些国际框架，如《国际民用航空公约》和《世界旅游组织全球道德守则》，设定了全球旅游安全的基本准则和国际认可的管理标准，帮助各国构建符合国际最佳实践的安全政策和程序。同时，ISO等机构发布的旅游和服务质量管理标准，为国内政策制定提供了具体的技术指导。此外，通过国际合作，例如参与国际旅游安全会议和签署多边安全合作协议，国家不仅能共享安全最佳实践和先进技术，还能在全球范围内促进信息和情报的交流，从而共同提高全球旅游业的安全水平，确保旅游活动的稳定与旅客的安全。这种跨国界的合作机制显著加强了国内外旅游安全标准的统一和执行，为国际旅游市场创造了一个更加安全和可信赖的环境。

这些国际框架和合作机制确保了国内旅游风险管理政策的现代化和国际化，使之能够有效地应对全球化旅游市场中的复杂挑战，从而提升国内外游客的安全保障。

三、应急预案的制定与实施

（一）应急预案的重要组成：预防、准备、响应、恢复

应急预案是旅游风险管理中的关键组成部分，它涉及一系列策略和措施，用于在发生紧急情况时减轻风险、保护人员安全，并确保快速恢复正常操作。应急预案通常包括以下四个主要阶段：

1. 预防

在旅游业中，预防阶段致力于通过早期识别和管理潜在的风险和威胁来阻止紧急事件的发生，从而保障旅游者和员工的安全。这一过程包括实施定期的安全检查，确保所有设施和设备都符合安全标准并且运行良好。同时，进行详尽的风险评估，分析可能对旅游活动造成干扰的各种因素，如自然灾害、卫生危机或社会不稳定等。此外，根据评估结果，制定和实施具体的预防措施，例如加强场所的物理安全，提供员工的安全培训，以及建立有效的危机沟通渠道。这些措施共同构成了一个防御体系，旨在提前识别并缓解风险，减少紧急情况的发生概率，确保旅游活动的顺利进行。

2. 准备

在旅游业的风险管理中，准备阶段是至关重要的，涉及为可能发生的紧急情况做全面的准备。这一阶段的核心任务包括对员工进行全面的安全培训，使他们掌握必要的急救技能、疏散程序和危机应对措施，确保在紧急情况下能够有效行动。同时，企业需备足必要的物资和设备，如急救包、消防器材、通信设备等，以便在需要时迅速使用。此外，建立清晰的通信协议和联络网络也非常关键，这包括内部通信流程和与外部救援机构的联系方式，确保信息能够快速准确地传递。通过这些措施，旅游企业

能够确保所有相关人员在面对紧急情况时，清楚了解自己的角色和责任，有效协同作战，从而最大限度地保护游客和员工的安全，减少潜在的风险和损失。

3. 响应

在紧急情况发生时，响应阶段的有效执行对于控制事件影响和保护旅游者及员工至关重要。这一阶段涉及立即动员所有可用资源，包括人员、设备和信息，以快速应对危机。实际行动可能包括执行预先制定的撤离计划，确保所有人员能够安全、有序地从危险区域撤离。同时，提供现场急救支持，如心肺复苏（CPR）和急救包的使用，以及与当地紧急服务机构如消防、医疗和警察部门的协调，确保获得必要的支援。通过这些措施，旅游企业能够在紧急情况下迅速反应，有效地管理危机，最大限度地减少人员伤害和财产损失，保障所有人的安全。

4. 恢复

在紧急事件发生后，恢复阶段是关键的一步，目的是尽快将旅游业务和相关服务恢复到正常运营状态。这一阶段的活动包括对事件的全面影响进行详细评估，识别所有受损的设施和服务，并迅速进行修复工作，确保旅游基础设施和运营设备能够安全有效地重新投入使用。此外，提供心理支持同样重要，尤其是对经历了可能的创伤事件的员工和游客，通过专业的心理辅导和支持小组帮助他们处理事件带来的情绪和心理压力。通过这些综合措施，旅游企业不仅能够修复物理损害，还能帮助个体和组织从心理和情感上恢复，确保旅游业能够持续稳定发展，重新建立公众的信任和业界的正面形象。

（二）应急预案的标准流程与关键活动

制定有效的应急预案需要遵循一套标准流程，确保涵盖所有关键活动。

1. 风险评估与资源识别

在旅游业中，风险评估与资源识别是至关重要的步骤，它涉及系统地识别和分析可能对旅游活动产生影响的各种风险，包括自然灾害、健康危机、社会动荡等。此过程需要评估这些风险的概率和潜在影响，并依此确定旅游企业可用的资源和应对能力。资源包括人力、技术、物资以及合作伙伴网络等，这些资源的充分准备和合理配置是应对风险并确保旅游活动安全顺利进行的关键。通过这样的评估和资源识别，旅游企业能够制定更有效的预防措施和应急计划，增强其应对突发事件的准备和反应能力，从而保护旅游者的安全并维护企业的运营稳定。

2. 计划制定

在旅游行业中，基于风险评估结果的计划制定是确保安全和效率的关键步骤。这一过程涉及制定详尽的行动方案，旨在通过预防措施最小化潜在风险的发生概率，并准备紧急响应策略以应对可能的危机情况。预防措施包括定期的安全培训、设施检查、合规性审核以及强化安全意识等。同时，紧急响应策略则涵盖了疏散程序、紧急联络体系、资源分配和应急医疗支持等方面。通过这些细致周到的计划，旅游企业能够在风险出现时迅速有效地行动，从而保护游客和员工的安全，维护企业的声誉和业务连续性。

3. 培训与演练

在旅游业中，定期的培训与演练是确保应急预案有效性的关键环节。此措施涵盖了对所有涉及人员的系统培训，包括前线员工、管理层以及应急响应团队，确保他们了解并能够精确执行旅游安全规程和紧急响应策略。培训内容通常包括急救技能、火灾应对方法、疏散指南以及危机沟通方法等。此外，通过模拟演习，如虚拟火灾、紧急疏散或其他危机模拟，不仅可以测试预案的实际效果，还可以揭示存在的漏洞和弱点，从而使企业能进一步优化策略和流程。这些培训和演练确保每位员工在真正的紧急情况发生时能够迅速、冷静、有效地行动，极大地提高整体的安全管理能力和应对紧急事件的准备状态。

4. 信息与通信管理

在旅游行业中，建立一个有效的信息与通信管理系统是确保在紧急情况下能迅速且准确传达信息的关键。这包括部署高效的通信技术和工具，如无线电通信设备、紧急通知系统和在线实时更新平台，确保从旅游管理者到游客每个相关方在需要时都能接收到关键信息。此外，定期测试这些通信系统的可靠性和响应速度至关重要，以确保在真实的紧急情况发生时，所有人员能够通过预设的通信渠道快速获取信息，并按照既定的应急预案行动。通过这种全面的信息与通信管理，旅游企业能够在发生意外或危机时，最大程度地减少混乱和潜在的伤害，优化整个应急响应流程。

四、培训与能力建设

（一）从业人员的风险管理培训程序

为确保旅游业从业人员能有效应对各种风险，特别是在紧急情况下，制定全面的风险管理培训程序至关重要。这些培训应覆盖以下几个关键领域：

1. 基础风险意识

基础风险意识旨在教育员工识别和理解潜在的风险因素，如自然灾害、健康危机等。通过提供关于常见风险因素的信息和统计数据，帮助员工了解这些风险的本质和可能产生的影响，从而在日常工作中能够更加警觉并采取预防措施。

2. 操作安全程序

针对具体的操作环境和任务提供详细的安全操作指南。这包括正确使用设备、遵守工作场所的安全规定、处理紧急情况的标准操作程序等。这些指南不仅提升员工的操作技能，还确保他们在面对潜在威胁时能够采取正确的措施保护自己和游客的安全。

3. 紧急响应技能

教授基本的急救技能、疏散程序以及在紧急情况下的正确行为。包括如何评估伤员、实施CPR、使用急救包以及在火灾或其他紧急事件中安全疏散的技巧。这些技能对于在第一时间内有效响应紧急情况、减少事故后果至关重要。

通过这样的全面培训，旅游企业不仅能够提升员工对风险的认识和应对能力，还能极大地增强整个组织在面对突发事件时的整体响应效率和安全管理能力。

（二）提升应急响应能力的技术和资源

投资于先进技术和资源是提升应急响应能力的关键。有效的技术工具和充足的物资设备是确保快速有效应对各种紧急情况的基础。以下是详细的措施。

1. 技术工具

利用高科技工具如北斗定位系统、移动通信设备以及在线危机管理平台，可以显著提升对旅游活动的实时监控和响应速度。例如，北斗技术可以用于追踪旅游团队的具体位置，确保在任何需要时快速定位并提供支持。在线危机管理平台则能够实时更新和传递关键信息，包括天气变化、交通状况或安全警报，以便及时作出响应。

2. 物资和设备

确保所有相关场所和活动都配备必要的紧急救援包和医疗设施，这些应包含急救药品、绷带、消毒剂等基本医疗用品。此外，根据活动性质和环境，配备火灾灭火器、救生衣、安全绳索等安全设备也极为重要。例如，在水上活动或远足旅行中，应充分准备救生设备和适合的安全工具，以防万一。

通过这些技术和资源的投入，旅游企业能够极大地提升其应对突发事件的能力，减少可能的安全风险，保障旅游者和员工的安全，从而提升整体旅游体验和企业信誉。

（三）模拟演练与评估

模拟演练与评估是确保应急预案有效性的关键环节。通过模拟各种紧急情况，组织能够检验其应急流程的实际操作效果，并对团队的协作和反应速度进行测试。

1. 定期演练

组织应安排定期进行的模拟演练，涵盖从火灾、地震到安全威胁等各种可能的紧急情况。这些演练应模拟实际操作环境，确保员工能够在安全的模拟环境中练习他们的应急技能，例如使用消防设备、执行疏散程序和提供初级急救。

2. 实时反馈

演练完成后，应立即组织反馈会议，让参与的员工和管理层共同讨论演练中出现的问题和挑战。这种反馈对于识别流程中的漏洞、沟通障碍或协作不足至关重要。反馈会议应鼓励开放和诚实的对话，以促进持续的学习和改进。

3. 效果评估

应用专业的评估工具和性能指标来量化演练的成效，确保每次演练都能达到预定的学习目标和提升效果。评估应考虑响应时间、问题解决效率和员工满意度等因素，从而客观衡量演练的成功程度，并指导未来的训练和预案修改。

通过这些综合措施，模拟演练不仅帮助提升员工的应急响应能力，还确保了整个组织的安全管理体系在面对真实危机时能够有效运作，最大限度地保护人员和财产安全。

第三节 政策法规在旅游安全教育中的作用

旅游安全教育是指通过有系统的教育和培训程序，向旅游从业人员和旅客传授必要的安全知识和技能，以预防和减少旅游活动中的安全事故。这种教育包括但不限于应急响应技能、风险评估、安全操作程序等关键领域的培训。旅游安全教育的核心目的是建立一个安全意识强的旅游环境，确保旅客和从业人员能在遇到潜在风险时采取适当的行动，从而降低事故发生的概率和严重性。

政策法规在旅游安全教育中扮演着决定性的角色，它们为旅游安全教育提供了法律基础和执行框架。通过制定明确的安全教育要求、认证标准和持续教育政策，政府能够保证旅游业的安全教育体系既全面又有效。此外，政策法规还能促进旅游安全文化的形成，通过法律的力量强化行业对安全重视的程度，使安全成为旅游业内的一种普遍价值观和行为准则。政策的引导和监管不仅增强了企业和个人的责任感，也提高了旅游业整体的安全管理水平。

一、政策法规的框架与内容

（一）国家级旅游安全教育政策概览

国家层面的旅游安全教育政策是确保旅游业安全运营的基石。这些政策通常涵盖了广泛的方面,从旅游从业人员的基本安全培训要求到旅游设施的安全运营标准。政府通过这些政策确保所有旅游相关的企业和工作者了解并遵守必要的安全规定,同时也为旅客提供了必要的安全信息和资源。这些政策可能包括定期的安全培训、紧急情况的演练要求,以及对新兴旅游活动安全标准的持续更新。

1. 安全培训政策

国家政策通常要求所有旅游行业从业者接受基础的安全培训,包括急救、消防安全和特定情境下的应对策略。这些培训帮助从业人员在面对紧急情况时能够迅速有效地作出反应,保护自身和游客的安全。

2. 设施安全标准

政府设定严格的安全运营标准,规范所有旅游设施的建设和维护,如酒店、游乐园和文化遗址等。这包括定期的安全检查和必要的设施升级,确保旅游设施的结构和操作安全。

3. 信息提供与资源支持

政府通过各种渠道向旅客提供实时的旅游安全信息和资源,包括在线平台、移动应用和旅游信息中心。这些资源旨在增强游客的安全意识和自我保护能力。

4. 紧急演练和反应计划

旅游安全教育政策还要求定期进行紧急情况演练,如地震、洪水或其他自然灾害的模拟。这些演练帮助确保在真实的紧急情况发生时,旅游机构和相关人员能够按照预定计划高效协作。

通过实施这些全面的教育和培训措施,国家政策不仅提升了行业标准,也极大增强了旅游业整体的安全管理能力,保障了旅游市场的健康稳定发展。

(二) 关键法规和标准

旅游安全法规是旅游安全教育政策实施的法律基础,它们为旅游业的安全操作提供具体的指导和规范。例如,旅游安全法可能会规定旅游企业必须执行的安全措施、旅游从业人员的安全资格认证以及旅游设施的安全标准。此外,职业健康与安全标准确保从业人员在工作环境中的安全与健康得到保障,这些标准涵盖了从灾害预防、工作场所的安全设施到紧急事故响应等多个方面。通过这些法规和标准的执行,旅游业可以有效地管理和减轻潜在的风险,提高整个行业的安全教育水平和应急准备能力。

1. 具体安全措施法规

这些法规详细规定了旅游企业在日常运营中必须遵循的安全措施,如游客安全说明、设施定期维护检查、安全警示标识的设置等。这些措施旨在消除安全隐患，防止事故的发生。

2. 安全资格认证

根据旅游安全法规，旅游从业人员必须获得特定的安全资格认证才能从事相关工作。这包括专业的安全培训和定期的能力评估，确保所有从业人员具备处理各种旅游活动中可能发生的安全问题的能力。

3. 设施安全标准

这些标准确保旅游设施如酒店、游乐园、博物馆等满足国家安全标准。涉及消防安全、结构完整性、紧急出口通道的可访问性等方面，确保游客在使用这些设施时的安全。

4. 职业健康与安全标准

这些标准强调预防工作场所事故和职业病的重要性，规定了必须遵循的健康与安全管理措施，如适当的工作服装、合理的工作时间、必要的休息间隔等。

通过这些详尽的法规和标准，旅游业不仅能够提供安全的旅游环境，还能在全球竞争中展示其安全和质量管理的优势，提升旅游目的地的吸引力和游客的满意度。

二、政策法规对旅游安全教育的具体影响

（一）提升旅游业务操作标准和职业安全

政策和法规在提升旅游业的操作标准和职业安全方面起着关键的作用。它们通过设定行业的最低安全标准来确保所有相关操作均符合特定的安全和质量要求。例如，政府可能规定所有导游在上岗前必须完成特定的安全培训课程，并成功通过相应的资格考核。此外，法规还要求旅游设施如酒店、游乐场和博物馆定期进行安全检查和必要的维护工作，以防止事故的发生。

这些政策和法规不仅提高了旅游业务的操作标准，也增强了从业者的职业安全，确保他们在提供服务时能够遵循最佳实践和安全协议。这样的措施包括但不限于：

（1）详细的安全协议

明确指出各种旅游活动中的安全操作流程，从户外冒险活动到城市导览，确保所有活动都有明确的安全指南。

（2）持续的职业培训

定期更新安全培训课程，包括应急响应技能和救援救护知识，确保从业者能够在紧急情况下有效反应。

（3）设施安全认证

引入一个认证系统，对所有旅游相关设施进行认证，确认它们符合安全标准，增加游客的信任感。

通过这些措施，旅游业不仅能为游客提供更安全、更可靠的服务，同时也能保障从业人员的安全，从而提升整个行业的服务质量和职业形象。这种全面的安全管理策略，使得旅游业能够在全球市场中保持竞争力，吸引更多的国内外游客。

（二）引导旅游安全教育课程和内容的设计与实施

政策和法规在引导旅游安全教育的课程设计和实施方面发挥了核心作用。通过制定详细的教育和培训要求，这些政策确保了旅游从业人员接受全面的安全教育，涵盖从急救技能到危机管理以及客户服务中的安全操作等多个关键领域。这些教育项目通常包括理论学习和实际操作，如演练和模拟情境，以加强从业人员的应急反应能力和安全意识。

为了保持教育内容的时效性和适应性，政府还可能设立认证程序，要求旅游业者定期参加培训和评估，更新他们的安全知识和技能以应对新出现的安全挑战和技术发展。这种持续的专业发展帮助从业人员不仅理解传统的安全问题，也能够适应如网络安全和数字化管理等现代问题。

此外，政府还鼓励和支持高等教育机构及专业培训机构开发与旅游安全相关的课程。这些课程可能获得政府的财政支持或官方认证，确保其教育内容不仅符合行业标准，也与国际最佳实践保持一致。这样的政策不仅提高了旅游安全教育的质量和覆盖度，也促进了从业人员的职业成长和行业的整体安全管理水平，从而为游客和旅游业创造了一个更安全、更可靠的环境。

三、实施旅游安全教育的挑战与解决策略

（一）面临的主要障碍

在实施旅游安全教育过程中，几个关键障碍常常影响其效率和覆盖范围。

首先，资源限制是一个普遍存在的问题，尤其是在资金不足的区域。这种经济上的限制可能导致教育设施不足、教学材料过时，以及专业讲师的缺乏。这些因素共同阻碍了安全教育的广泛推广和深入实施。

此外，旅游业本身的知识和技术正在迅速变化。行业趋势的快速变动和新兴安全技术的频繁更新要求从业人员必须不断学习和适应新的操作方式和管理方法。这为教

育体系带来了挑战，要求课程内容不仅要保持更新，还要具有前瞻性和实用性，确保从业人员能够应对当前和未来的安全挑战。

加之，广泛和多样的从业人员基础也增加了教育的复杂性。从业人员的教育背景、技能水平和接受新知识的能力可能差异很大，这要求安全教育项目能够提供多层次、差异化的培训方案，以满足不同需求。这些挑战共同构成了实施有效旅游安全教育的主要障碍，需要通过政策支持、技术创新和教育资源的优化来克服。

（二）有效的策略和方法来克服这些挑战

为有效克服旅游安全教育中遇到的挑战，可以实施一系列综合策略。

首先，增加政府的财政支持并激励私人投资对缓解资源限制至关重要。政府可以通过提供税收优惠、直接补贴或其他财政激励措施，鼓励私人企业和非政府组织投入旅游安全教育领域。这样的政策不仅增加了教育项目的资金来源，还促进了公私合作模式的形成，增强了整体资金的可持续性和效率。

其次，与国际知名的旅游安全教育机构建立合作关系，引进国际领先的教育资源和最佳实践，对于提升本地教育质量和国际竞争力非常有帮助。这种国际合作不仅能带来先进的教学方法和技术，还能通过国际认证提高教育项目的信誉和吸引力。

此外，利用数字化学习平台和在线教育资源，可以极大提高教育的灵活性和覆盖范围。数字平台允许即时更新教育内容，以匹配行业的最新安全标准和技术进展，同时也使教育更加个性化和可访问。在线学习不仅扩大了教育的受众基础，还有助于减少因地理位置或时间限制带来的障碍。

最后，定期组织实地模拟演练和安全演习是提高旅游从业人员实际操作能力的有效手段。通过模拟真实场景的紧急事件，不仅可以增强从业人员的应急反应能力和危机管理技能，还可以在实践中发现潜在的安全漏洞，从而持续改进安全教育的内容和方法。这些演练提供了实战经验，使从业人员在面对真实危机时能够更加镇定和有效地处理情况。通过这些策略的实施，可以系统地提升旅游安全教育的质量和实效，为整个旅游行业的安全保驾护航。

四、技术的角色和未来趋势

（一）现代技术在提升旅游安全教育中的应用

随着技术的迅速发展，现代教育手段，尤其是虚拟现实（VR）技术和在线学习平台，正在彻底改变传统的旅游安全教育模式。虚拟现实技术通过创建一个全面沉浸式的学习环境,允许学习者在完全控制的虚拟世界中模拟各种与旅游相关的危险情况。这种仿真环境特别适合进行那些在现实世界中难以安全重现的复杂紧急情况和危机响应训练。学习者可以在没有真实世界风险的情况下,反复练习处理各种潜在的危机,从火灾逃生到恐怖袭击应对,极大地提高了应急能力和决策速度。

在线学习平台则提供了极大的灵活性和可访问性,使得安全教育能够触及更广泛的受众。这些平台支持自我导向学习,允许从业人员根据个人日程自主安排学习时间,实现持续的职业发展和技能更新。在线平台的另一个优势在于其更新速度和维护的便捷性,使得课程内容能够迅速适应法规变动、技术创新或新的行业实践。教育者可以不断地插入最新的安全规章、先进技术说明以及最近的案例研究,确保提供给学习者的信息始终是最前沿和最相关的。

综合 VR 和在线学习平台的应用,不仅极大地提升了旅游安全教育的效率和覆盖面,还通过高度的实用性和互动性,增强了学习者的学习兴趣和保持信息的能力。这些先进的教育工具为旅游业安全管理提供了更强大的支持,确保从业人员能够在面对紧急情况时,做出迅速而有效的反应。

(二) 未来旅游安全教育技术

未来,预计政策和法规的变革将更加侧重于利用前沿技术来增强旅游安全教育的有效性和覆盖范围。随着人工智能、大数据和机器学习等技术的持续进步,它们将被广泛应用于风险评估、教育内容个性化、实时安全监控等关键领域。例如,政策制定者可能会推动实施要求,使所有旅游安全教育提供者都必须采用能够追踪和分析学习成果与行为模式的标准化数据系统,以此优化教学课程和提升教学成效。

此外,随着远程监控技术和即时通信工具的发展,能够即时更新的安全警告和教育课程可直接发送给旅游从业人员和游客,提高他们对即时环境变化及潜在风险的敏感度和认知。这不仅提高了安全教育的实时性,也强化了应急响应的及时性。

同时,预计政策变革也会增强对旅游安全教育质量的监管,引入更严格的认证和审查流程,确保所有教育活动不仅符合国家安全教育标准,而且能够体现国际最佳实践。通过这种政策与技术的深度融合,旅游安全教育将朝着更高效、更智能、更个性化的方向发展,为整个旅游行业创造一个更为安全和可靠的操作环境。这将大幅提升整个行业的安全标准,保障旅游活动的顺利进行,最终促进旅游业的可持续发展。

第八章 旅游政策与法规和旅游创新发展

第一节 创新发展的政策法规激励

在旅游业中，创新通常指引入新的想法、技术、产品和服务，以提升游客体验、优化业务流程、增强竞争力并响应市场变化。这些创新可以涵盖各种方面，包括数字化技术的应用、新的管理方法、客户服务体验的改进，以及可持续旅游实践的推广。创新不仅限于技术的运用，也包括商业模式、市场营销策略和服务设计的全新思路。

创新是推动旅游业高质量发展的关键驱动力。通过创新，企业能够提供差异化的产品和服务，满足日益多样化和个性化的游客需求。例如，通过引入增强现实（AR）或虚拟现实（VR）技术，旅游景区可以提供沉浸式的访问体验，吸引对科技感兴趣的年轻游客。此外，创新还能有效提高运营效率，减少成本，增强旅游目的地的可持续性，例如通过智能化能源管理系统减少酒店的能源消耗。

政策和法规在旅游业创新中起到了基石作用。政府通过制定鼓励创新的政策、提供资金支持、实施税收优惠和简化审批程序等措施，能够显著提高行业的创新动力和能力。例如，某些国家推出的旅游创新基金就是为了支持旅游技术创新的项目和初创企业。此外，政府还可以通过立法保护知识产权，鼓励企业和个人投入资源进行研发和创新。通过这些政策法规，不仅可以激发旅游业内的创新活动，也有助于形成健康、持续发展的旅游市场环境。

一、政策法规的激励机制

（一）国家级政策法规支持旅游创新的概述

国家层面的政策法规在推动旅游业的创新和发展方面起着至关重要的角色。这些政策旨在为旅游行业的创新活动营造一个有利的环境，其中可能包括为研发活动提供资金支持、提供税收优惠、设立创新奖励计划，以及简化行政审批流程以减轻创新企业的负担。例如，一些国家设立了专门的旅游发展基金，专门用于资助那些采用前沿科技和探索新商业模式的旅游企业，如虚拟现实旅游体验和在线旅游服务平台。

此外，为了促进可持续旅游和文化遗产的保护，国家级政策也会特别支持这些领域的创新项目。这可能包括资助关于生态旅游项目的研究，或支持使用新技术来保存和展示文化遗产的项目。通过这些综合措施，政府不仅推动了旅游业的技术和服务创新，也有助于提升旅游目的地的竞争力和吸引力，最终实现旅游业的持续健康发展。

（二）地方政策的创新特色与实施案例

地方政府在推动旅游业创新中发挥了至关重要的作用，特别是在落实国家级政策的同时，它们会根据本地的独特需求和资源条件，开展具有地方特色的创新激励措施。例如，面对旅游资源过度开发的问题，一些旅游热点地区可能会制定政策以保护环境并可持续地发展旅游业，这可能包括限制游客数量、推广生态旅游项目以及恢复和保护当地生态系统。

此外，地方政府也积极促进与当地大学和研究机构的合作，支持旅游相关的科研活动和技术创新。这种合作可以包括资助具体的研究项目、共建研发中心或开设旅游创新特定课程，以培养旅游业的人才和支持行业知识的更新。

实施的案例还包括一些城市通过建立创业孵化器和加速器，特别是那些针对旅游科技的，来支持旅游相关的创业活动。这些孵化器不仅提供资金支持，还提供业务指导、市场进入策略和技术支持，帮助早期企业成长。此外，地方政府还可能开发信息平台，通过数字化解决方案为小微企业提供市场推广和销售支持，帮助它们扩展业务并到达更广泛的客户群。这些地方政策不仅促进了旅游业的健康发展，也增强了地区在全国乃至全球旅游市场中的竞争力。

（三）行业特定创新激励政策（如绿色旅游、数字化旅游）

面对全球环境变化和科技进步的挑战，国家和地区政府采取了行业特定的创新激励政策，特别是在绿色旅游和数字化旅游这两个领域。绿色旅游政策旨在促进旅游业的可持续发展，这些政策通过财政补贴、税收减免、认证奖励等手段支持旅游企业采用环保技术和可持续经营实践，如使用可再生能源、实施废物回收计划和保护自然资源。这类政策不仅减少了旅游活动对环境的负面影响，也增强了企业的环保品牌形象和市场吸引力。

同时，数字化旅游政策鼓励旅游业通过利用先进的信息技术来优化服务和提升客户体验。这包括支持旅游企业通过互联网平台进行在线预订、利用大数据分析客户行为以优化营销策略,以及采用人工智能技术来提供个性化的旅游建议和服务。这些措施不仅提高了旅游业的操作效率,还增加了对个别游客需求的响应速度和精准度。

这些特定行业的创新政策使旅游业能够适应快速变化的环境与技术条件,确保其在全球旅游市场中的竞争力和可持续性,同时带动相关行业的技术进步和环境保护,推动整个旅游行业向更加绿色和智能化的方向发展。

二、财政激励与资金支持

(一)投资补贴与税收优惠政策

为了推动旅游业的创新和提升其整体质量,许多国家和地区实施了一系列投资补贴和税收优惠政策。这些财政激励措施旨在降低企业尤其是小型和中型旅游企业的经济负担,从而鼓励它们引入创新技术和开发新的服务模式。例如,投资补贴可能会直接针对旅游业中的基础设施建设、环保设施升级或是新产品的研发和商业化过程提供资金支持。这类补贴不仅能帮助企业减轻研发新技术和服务的财务压力,还可以加速创新项目的实施进程。

同时,税收优惠措施,如减免企业所得税、增值税或关税,为旅游业创新提供了持续的经济支持。这些优惠措施使得企业在面对市场变化和经济不确定性时能够更加灵活地调整运营策略,维持研发投入。此外,政府还可能提供专门的税收抵免或退税政策,针对那些能证明其产品或服务具有显著社会或环境效益的企业。

通过这些综合性的财政政策,政府不仅促进了旅游业的创新活动,也有助于提升整个行业的服务质量和国际竞争力。这种政策环境支持下的旅游业可以更好地应对全球旅游市场的需求变化,推动可持续旅游的发展,同时加强对文化遗产的保护和利用。

(二)创新资金和赠款的分配与使用

为了刺激旅游业的创新活动,政府设立了专门的创新资金和赠款,这些资金旨在资助那些能够推动行业发展的研究与开发项目。这些项目包括但不限于开发新的旅游技术应用、深入研究旅游市场趋势以及实施可持续旅游措施等。这些资金通常由国家的科技部门或旅游管理部门负责管理,并针对创新程度高、潜在经济社会影响大的项目提供支持。

资金的申请和分配过程涉及严格的项目提案要求和评审机制。申请者需提交包括项目目标、预期成果、预算计划及实施时间表在内的详细项目计划。这些提案经过专家评审团的评估,基于项目的创新性、实用性和可行性进行资金分配。专家评审通常包括行业专家、学者和政府官员，他们共同确保选择的项目能够最大化地推动旅游业的发展和创新。

赠款和资金的使用受到严格监督，以确保每笔资金都按照批准的项目计划执行，实现预定的研发目标。政府通常要求定期的进度报告和财务报告，以监控项目的进展和资金使用情况。这种监管不仅保证了资金的有效利用，也增加了项目执行的透明度，确保公共资源得到合理且高效的使用。通过这些措施，政府促进了旅游业的科技创新和市场竞争力的提升，同时加强了行业的可持续发展。

（三）专项资金对特定项目的支持

政府设立的专项资金专门支持旅游业中的生态旅游和科技旅游领域，目的是促进这些领域的创新和可持续发展。这些资金帮助项目开发者实现与环保和科技创新相关的目标，从而提升旅游业的整体质量和吸引力。

对于生态旅游项目，专项资金主要用于推进环境保护与生态平衡的实践，如资助创建或改善生态友好型旅游设施、实施自然资源保护措施，以及开展环境教育项目。这些项目不仅帮助保护和恢复自然景观，还提高了当地社区对环境保护重要性的认识，同时为游客提供了独特的自然体验。

科技旅游方面，专项资金支持开发利用最新科技增强旅游体验的项目，如虚拟现实（VR）和增强现实（AR）技术的应用。这些项目通过创建沉浸式的旅游体验，例如虚拟游览历史遗迹或自然景观，不仅扩大了旅游业的服务范围，也提供了非传统季节或遥远地区的旅游体验，从而吸引更广泛的游客群体。

通过这些专项资金的投入，政府能够具体支持旅游业中的创新项目，加速这些领域的成长和发展。这不仅有助于环境的保护和科技的应用，还促进了旅游业的多元化和高质量发展，提升了目的地的国际形象和竞争力。

三、技术创新的政策支持

（一）政策支持下的技术研发与应用

政府政策在推动旅游业技术创新和应用方面扮演着至关重要的角色。通过提供财政支持，如设立研发资金、科研补贴，以及实施税收减免等措施，政策目的在于激励企业和科研机构开展新技术的开发和应用。这些技术涵盖了广泛的领域，包括智能导航系统，使旅行更加便捷；数据分析工具，通过洞察游客行为和偏好来优化服务提供；以及客户管理系统，提高服务个性化和效率。

为了进一步促进这些技术的发展和落地应用，政府通常会设立技术创新中心或平台，这些机构不仅为旅游业提供技术试验和示范的场所，还提供专业咨询和支持，确保技术解决方案能够满足行业的具体需求。此外，这些政策和措施还鼓励私营部门与公共部门之间，以及不同行业间的合作，如信息技术与旅游业的交叉融合，从而加速技术创新的步伐，并通过技术提升整个旅游行业的服务质量和运营效率。

（二）政府与私营部门合作推动技术创新

政府与私营部门的合作是加速旅游行业技术创新的关键动力。采用公私合作模式（PPP），政府可以借助私营部门的灵活性、创新能力和资源，共同研发和推广新技术及服务。这种合作形式能够有效整合各方面的专业知识和技术优势，如政府可能与科技企业合作开发定制的旅游应用程序，提供实时导航、预订服务等功能，或与高等院校及研究机构联合开展基于大数据的旅游行为研究，以深入了解游客偏好并优化服务。

这种合作模式不仅加快了技术解决方案的商业化进程，还有助于通过资源共享和风险分担来降低研发和实施的成本。例如，政府可以提供必要的资金支持和政策优惠，而私营企业则提供技术和市场运营经验，共同推动旅游业的技术进步和产业升级。此外，这种跨部门合作还促进了知识转移和技能提升，为旅游业带来了持续的创新动力和长期的发展潜力。

四、人才培养与教育政策

（一）教育培训政策在旅游人才创新中的作用

教育和培训政策在旅游业人才培养和创新中扮演着至关重要的角色，通过提供必要的知识和技能，确保旅游从业人员能够应对市场和技术的快速变化。政府通过资助专业课程、研讨会、研究活动和持续教育项目，不仅提升了从业者的专业能力，还激发了他们的创新潜力。例如，政府可能会提供奖学金支持旅游管理、旅游科技应用等领域的高级研究，或者赞助行业会议和技能竞赛，以促进知识更新和技术革新。

此外，教育培训政策还强调了高等教育机构与旅游行业的紧密合作，通过实习、项目合作等方式，使教育课程与行业需求紧密对接。这种合作不仅帮助学生理解并解决实际问题，还为企业带来了新鲜的视角和创新的解决方案，从而推动了整个行业的创新和发展。通过这些综合性的教育政策，政府有效地促进了旅游业的持续发展和竞争力提升，为行业培养了一批既有深厚专业知识又具备创新能力的新型人才。

(二)政策激励下的人才交流与合作项目

政策激励在推动旅游业的国际合作和人才交流中发挥了关键作用,通过提供奖学金、访问学者项目以及支持参与国际会议,促进了专业人才的全球视野扩展和国际网络构建。这类政策允许旅游从业者参加国际旅游博览会、研讨会或在海外顶尖机构接受先进的旅游管理和可持续发展培训。通过这些交流活动,不仅个人的职业技能得到提升,其获得的国际视角和创新思维也将对本国旅游业的发展产生深远影响。

此外,这些政策还鼓励建立长期的合作关系,如兄弟城市或双边旅游合作项目,这些合作不仅促进了文化和旅游资源的互补和共享,还加深了不同国家和地区之间的相互理解和尊重。通过这种政策激励的人才交流和国际合作,旅游业能够吸收和融合全球最佳实践和创新技术,加速行业的全面发展和国际竞争力的提升。

五、法规改革与政策更新

(一)旨在支持创新的法规改革措施

法规改革是激发旅游业创新和适应市场变化的关键驱动力。政府通过修改和优化现有法律框架,为旅游业的技术升级和创新模式营造支持性的政策环境。这包括引入更加灵活的营业执照制度,简化企业设立和运营的行政审批流程,以及提供针对初创企业和技术创新项目的资金支持和税收优惠。这些措施降低了企业尤其是中小企业和创业者面临的行政和财务负担,使他们能够更容易地引入新技术、开发新产品和探索新市场。

此外,政府还特别支持那些能够促进环境保护和提高运营效率的创新项目,如绿色旅游和科技旅游。通过赋予绿色认证、奖励使用可再生能源的旅游企业或支持开发智能旅游应用和虚拟现实体验,这些政策不仅推动了旅游业的可持续发展,也帮助企业通过提供新颖和差异化的旅游产品来吸引更多的游客。通过这种综合的法规改革和激励措施,政府助力旅游业不断创新并有效适应快速变化的全球市场需求。

(二)对旧有政策法规的更新与调整

更新和调整旧有政策法规是确保旅游业持续适应市场和技术演变的重要步骤。随着消费者需求的变化和新技术的出现,原有的法律框架可能不再适用或者成为创新的障碍。因此,政府部门需要对现行的安全标准、消费者权益保护法、环境保护法规等进行必要的修订,以支持新的业务模式如共享经济、在线旅游服务以及环境友好型旅游项目。

这些法规的更新不仅关注技术和市场的最新发展，也着眼于加强消费者保护，确保旅游活动的安全性和可持续性。例如，随着数字技术的普及，对在线预订平台的监管可能需要加强，以保护消费者数据安全和防止虚假广告。此外，环保法规的更新可能强化对旅游设施排放和资源使用的限制，推动业界采用更加绿色的操作技术。

政府还需确保更新后的法规能够为所有市场参与者，特别是那些资源有限的小型企业和初创企业，提供一个公平的竞争平台。这可能包括简化许可和审批流程、提供针对小企业的税收减免措施以及通过政府支持的培训和资金援助帮助它们适应新的法律要求。通过这些全面的策略，更新的政策和法规将能够促进旅游业的健康发展，同时提升整个行业的创新能力和国际竞争力。

（三）未来政策法规发展的方向与挑战

面对未来，政策和法规的发展将不可避免地需要应对由技术革新带来的复杂挑战。随着大数据、人工智能和物联网等技术在旅游业的广泛应用，如何确保数据安全、保护消费者隐私成为亟须解决的问题。政策制定者需在促进技术创新和维护个人信息安全之间找到平衡点，制定明确的数据使用和保护指南。

同时，随着旅游业越来越多地跨越国界，国际合作在旅游政策制定中变得尤为关键。这需要各国政策制定者在国际层面上加强沟通和协调，共同制定兼容且互认的法规标准，如同步更新旅游安全标准、环境保护要求等，以应对全球化带来的挑战和机遇。

未来的政策法规也需适应不断变化的市场需求，比如支持可持续旅游的发展、响应气候变化对旅游地理分布的影响等。这些挑战要求政策制定者不仅要有前瞻性的视角，还需要具备高度的适应性和创新能力，以确保政策不仅促进旅游业的经济发展，还能够维护公共利益和推动社会责任。通过这些努力，政策和法规可以更有效地支持旅游业的健康和有序发展，同时保护消费者和促进全球旅游业的共同繁荣。

六、监管与评估

（一）政策执行的监管机制

为了确保旅游政策和法规的正确执行并实现预定目标，建立一个全面且高效的监管机制显得尤为重要。这种机制应由政府部门或专门指定的监管机构负责，它们的任务是对旅游业中实施的各种创新政策进行持续的监督和评估。监管过程包括但不限于定期进行业务审查、现场检查，以及对旅游企业的许可证和运营资格进行审批和更新。

监管机构还需负责确保所有旅游业参与者遵守更新的安全标准、环保规定以及消费者保护法规等。此外，监管框架应包含一套有效的执法措施，对那些违反政策法规的行为进行严格的处罚，从罚款到吊销许可证等，确保有足够的威慑力。

为了提高政策执行的灵活性和时效性，监管机构应建立快速反应机制，这一机制能够迅速处理政策执行中出现的紧急情况或投诉。这不仅有助于及时纠正偏差，还能增强公众对旅游监管体系的信任和满意度。通过这种多层次的监管策略，政府可以更有效地促进旅游业的健康发展，同时保护消费者和环境免受潜在的负面影响。

（二）创新政策的效果评估与反馈

为确保旅游创新政策不仅被实施而且能够达到预期效果，政府需要建立一套全面的效果评估和反馈机制。这包括利用先进的数据收集和分析技术来监控政策对旅游业经济表现、创新能力、就业机会以及环境可持续性的影响。通过对这些关键指标的定期评估，政策制定者可以获得宝贵的洞察，了解哪些政策措施有效，哪些需要改进或弃用。

此外，这种评估过程应该采纳多方面的反馈，包括行业内外的意见和建议。可以通过组织研讨会、公开论坛和在线调查等形式，积极收集旅游业从业者、消费者和专家的反馈。这些反馈不仅有助于增加政策的透明度和参与度，也可以确保政策制定更加贴近实际需要和社会期望。

将这些定量和定性的评估结果融入政策修订过程中，可以有效地指导政策制定者进行科学的决策。这样的反馈循环确保政策持续更新，以适应旅游市场的快速变化和技术革新，从而最大化政策效益，推动旅游业的长远发展。

第二节　文化旅游与创意旅游的政策支持

文化旅游是指旅游活动主要围绕一个地区的文化遗产、艺术、历史和传统展开，包括访问历史遗迹、博物馆、艺术表演以及参与当地文化活动等。它强调对文化资源的保护和教育意义，为游客提供深度的文化体验。而创意旅游则是指在文化旅游的基础上，加入更多互动性和参与性的元素，如工作坊、创意体验活动和现场艺术制作，使游客能够通过创造性的活动与当地文化进行更深层次的交流。

文化旅游与创意旅游不仅丰富了旅游市场的产品种类，也极大地推动了地方经济和文化的发展。通过吸引国内外游客，这两种旅游形式增加了旅游收入，提升了地区的国际形象，同时也为当地创造了大量就业机会。此外，它们还有助于保存和传承文化遗产，增强当地社区的文化自豪感和身份认同感。

文化和创意旅游的持续发展需要政策的有力支持。政策支持可以通过立法保护文化遗产，提供财政补贴和税收优惠来激励企业和个人投资于创意旅游项目，或通过教育和培训项目提高从业人员的服务水平和专业能力。此外，政策还能帮助确保文化和创意旅游的可持续发展，防止过度商业化和资源过度利用，确保文化遗产得到适当的保护并得以合理利用。

一、国家级政策支持

（一）国家对文化创意旅游的支持

国家政策框架在支持文化和创意旅游方面扮演着关键角色，通过设立具体的法律和经济机制，推动这一领域的持续增长和繁荣。政府通常会与文化、旅游和经济发展部门合作，制定一系列促进文化遗产保护和创意产业发展的政策。这包括为文化遗址的维护和恢复提供资金支持，为文化活动如艺术展览、传统节庆提供补贴，以及为创意项目如电影制作、手工艺品开发提供创业资金和税收优惠。

此外，国家政策还强调对地方特色文化的挖掘和推广，支持地方政府开发与本地文化和历史相关的旅游产品。这不仅有助于保护和传承文化遗产，还能促进地方经济的多元化发展。通过建立博物馆、文化中心和艺术工作室等设施，以及举办文化节和艺术活动，政策促使文化和创意旅游成为推动地方和国家经济发展的重要力量。

政策框架也注重可持续发展，确保文化旅游的发展不会对环境和社区产生负面影响。这包括限制访客数量、推广环保旅游实践以及通过教育和培训提高当地社区的参与度和收益。通过这些综合措施，政府希望建立一个既能保护文化遗产，又能激发创意产业潜力，同时保证社会和环境福祉的旅游发展模式。

（二）国家主要政策措施

在推动文化旅游发展的政策措施中，资金支持、税收优惠及特区设立发挥着至关重要的作用。

首先，政府通过直接拨款、提供低息贷款或创建专门的投资基金，积极为文化旅游项目提供资金支持。这些资金帮助项目开发者覆盖从策划、建设到运营的各个阶段的成本，特别是在文化遗产保护和创新文化体验的开发上。

税收优惠是另一个重要的政策工具，它通过减免企业所得税、增值税或其他相关税种，降低了文化和创意旅游项目的经营成本。这种优惠措施不仅提升了文化旅游项目的财务可行性，也吸引了更多的私人投资者进入这一领域。

此外，政府在选定的地理区域内设立文化旅游特区或创意产业园区，这些区域通常具有得天独厚的文化资源或创意潜力。在这些特区内，企业可以享受一系列政策优惠，例如简化的审批和注册流程、减免的地租或房租以及对新技术和新业态的额外资助。这些措施旨在构建一个有利于文化和创意产业聚集和创新的环境，从而促进地区经济的转型升级和文化旅游的全面发展。

综上所述，这些政策措施通过提供财政激励和创造有利的运营环境，共同推动了文化旅游的繁荣和文化遗产的活化利用，使其成为促进社会经济发展和文化交流的重要力量。

二、地方政府的实施策略

（一）地方政策支持的形式与实践

地方政府在推动文化旅游与创意旅游方面的作用不容小觑，他们通过一系列具体的支持措施来促进地区的文化繁荣与经济增长。这些政策通常涉及对地方历史遗址和文化资产的维护与修复工作，例如投资于老城区的恢复或古迹的保存，这不仅有助于保护文化遗产，同时也提高了这些地点对游客的吸引力。

除了硬件设施的升级，地方政府还着重于提升文化遗址的可访问性，如改善交通连接、设置信息指示牌、优化游客服务设施等，这些措施使得文化旅游体验更加便捷和愉悦。此外，地方政府还积极开展文化教育项目和公众参与活动，如策划主题展览、举办文化节庆活动、工作坊和讲座等，旨在提升公众对本地文化遗产的认知与尊重。

地方政府的实践还包括与当地社区的紧密合作，尊重并利用社区的知识和资源，共同开发旅游项目。这种合作关系确保了旅游开发活动能够为当地居民带来经济利益，同时保护他们的文化身份和生活方式。地方特色和历史的有效利用不仅促进了文化旅游的独特性和吸引力，还有助于实现旅游业的可持续发展，避免了过度商业化带来的负面影响。

总的来说，地方政府的政策支持是文化旅游与创意旅游成功的关键，通过一系列综合措施，既保护了文化遗产，又促进了旅游业的健康发展。

（二）地方政府促进创意旅游的措施

地方政府通过多种措施积极推广创意旅游，以提升地区的文化吸引力和经济发展。这些政府通常会设立或升级文化体验中心，这些中心不仅展示当地的艺术和工艺，还可能提供互动体验，如手工艺制作、传统烹饪课程或者文化工作坊，使游客能够深入体验当地的文化和生活方式。

此外，地方政府还会举办各种文化活动，如艺术节、电影节和文学座谈会，这些活动不仅丰富了游客的旅游体验，也促进了当地文化产品的多样化。这些文化活动常常成为城市的文化名片，吸引国内外游客前来体验。

地方政府也致力于创造一个有利于文化艺术发展的环境，支持艺术家和创意工作者通过提供资金、场地和推广帮助。例如，一些城市可能提供创意孵化器或艺术家驻地项目，支持新兴艺术家的创作和展览。通过这些措施，地方政府不仅增加了旅游的吸引力，也促进了当地经济和文化的可持续发展。

这些措施表明，地方政府在推动创意旅游方面扮演着关键角色，通过创新和传统的结合，不断增强旅游目的地的文化深度和吸引力。

三、技术创新与文化旅游的结合

（一）利用现代技术（VR、AR、在线平台）促进文化旅游体验

现代技术的利用极大地丰富了文化旅游的层次和深度，特别是虚拟现实（VR）、增强现实（AR）和在线平台，它们为文化旅游提供了前所未有的新途径。VR技术通过创建三维虚拟世界，让游客能够沉浸在复原的历史场景中，如古埃及金字塔或古罗马斗兽场的全景体验，这种技术的使用不仅使得文化遗产更加生动，还能帮助保护那些脆弱或难以到达的遗址。

增强现实（AR）技术通过叠加数字信息到现实世界中，增强用户的实地访问体验。游客可以使用智能手机或AR眼镜，在参观历史建筑或艺术展览时，看到额外的多媒体信息，如视频、音频解说和3D重建图像，这些信息增强了游客的学习和体验。

在线平台则变革了人们获取文化内容的方式，提供了在线展览、虚拟旅游和文化教育课程。这些平台使得各种资源，从博物馆收藏到艺术展览，都可以远程访问，极大地提高了文化教育的可达性和互动性。此外，社交媒体和博客也能使个人分享他们的文化旅游体验，推广文化交流和多样性理解。

通过这些现代技术的应用，文化旅游不仅仅是身体上的移动，更成了一种可以跨越时间和空间的文化探索和学习的方式，使广大游客能在全新的维度中体验和欣赏世界的多元文化。

(二) 政策在支持技术与文化旅游结合中的作用

政府政策在推动技术与文化旅游结合方面的作用至关重要，通过一系列具体措施，如研发资金支持、税收优惠以及技术创新奖励，有效激励企业和研究机构投入资源于新技术的开发。这些技术，包括虚拟现实、增强现实以及各类互动平台，能极大地丰富游客的文化体验，使其在探索世界遗产时获得更深层次的教育和享受。

政策的制定还需考虑到技术解决方案的普及问题，确保这些创新不仅仅局限于大城市或主要旅游区，而是能够扩展到较小或偏远的文化旅游地区。为此，政府可能需要与地方政府合作，建立相应的基础设施，或提供特别的技术培训和支持，以便这些地区也能利用新技术吸引游客和提高服务质量。

此外，政府的政策支持还应该关注新技术在促进文化遗产保护方面的应用，如利用数字化技术对古迹进行扫描和复原，这不仅有助于保护易受环境威胁的文化资产，还可以通过高质量的复原展示，增加公众对保护工作的认识和支持。

总之，通过这些政策措施，政府能够确保技术与文化旅游的有效结合，不仅提升了旅游体验的质量和可达性，也对文化遗产的保护和传播作出了重要贡献。这种整合既促进了技术的发展，也加强了文化旅游业的可持续性。

四、监管与质量控制

(一) 设置和维护文化旅游与创意旅游的质量标准

文化旅游和创意旅游的质量标准的设定与维护对确保旅游体验的质量和提升消费者的满意度至关重要。为了实现这一目标，政府和行业协会需要合作制定一系列全面的标准和准则，这些标准应覆盖从游客接待、服务提供到文化体验的全部环节。

这些质量标准不仅确保服务提供者能提供一致且高质量的服务，而且帮助保护和尊重当地文化的真实性和完整性。例如，导游的资质认证程序需要确保他们不仅具备足够的历史和文化知识，而且能够负责任地向游客传达这些知识。此外，关于旅游纪念品的制作，标准应确保产品的质量，并反映出地区特色，避免文化误解或降低。

对于文化表演，质量标准应确保表演内容不仅娱乐游客，也忠实地传达和展示地方文化，避免过度商业化导致的文化失真。此外，这些标准还应包括对旅游场所的维护，如历史遗址的保护、环境的清洁和游客安全。

通过实施这些综合性质量标准，不仅可以提升游客的整体体验，还能促进旅游业的可持续发展，同时保护和传承宝贵的文化遗产。这种做法将为文化旅游和创意旅游行业设定高标准，推动整个行业向更高质量和更负责任的方向发展。

（二）创意旅游的监管政策和法规

监管政策和法规在维护文化旅游与创意旅游的可持续性和高质量标准方面起着至关重要的作用。这些法规通常涉及环境保护、文化遗产的保存以及规范旅游业行为的法律措施，目的是保障文化和自然遗迹不受旅游活动的负面影响。

首先，环境保护法规确保旅游活动不会破坏自然环境，通过限制特定区域的访问量和规定可采取的活动种类来最小化对生态系统的影响。此外，文化遗产保护法律则防止历史和文化地标遭受不当开发和商业化的侵蚀，确保历史建筑、传统手工艺和重要文化表现形式得以保留和传承。

针对旅游业的规范行为法规，包括确保透明的定价政策、禁止虚假广告和消费者欺诈等措施，保护消费者权益，提供公平的交易环境。这不仅有助于维护消费者信任，也强化了旅游企业之间的公平竞争。

通过这种综合性的监管措施，政府不仅有效保护了文化和自然资源，还确保了旅游业的长期可持续发展。这些政策的实施有助于提升旅游目的地的品牌价值和市场竞争力，从而吸引更多寻求质量和责任感的旅游者。

（三）创意旅游的质量认证体系

质量认证体系在文化旅游和创意旅游领域发挥着关键作用，它通过第三方认证机构的客观评估，确保旅游服务和产品达到了预定的质量标准。这种体系不仅涵盖了旅游设施的物理标准，如安全和卫生，也包括服务质量、客户满意度以及环境和文化责任。

例如，ISO 认证，作为国际认可的质量管理和保证标准，可应用于旅游服务提供者，证明他们的操作和管理流程符合国际标准，这有助于提升其在全球市场的竞争力和可靠性。同样，旅游设施和服务的获得 ISO 认证，不仅显示了其遵循最佳实践，也向消费者传递出高质量服务的承诺。

对于特定的文化和生态体验项目，如民族文化村或生态旅游项目，获得可持续旅游认证标志着这些项目在保护环境和支持当地文化方面的努力和成就。这种认证通常考虑到了环境影响、社区参与和文化尊重等多个方面，为游客提供了选择负责任旅游服务的依据。

通过实施这样的质量认证体系，旅游业能够建立更高的信誉和品牌价值，同时激励企业不断改进和提升其服务和产品。这不仅增强了消费者的信任和满意度，也推动了整个行业朝着更高质量、更加可持续的方向发展。

第三节　智慧旅游与科技创新的法律保障

智慧旅游指的是利用信息和通信技术（ICT）来强化旅游目的地的管理和营销，以及提升游客的体验。智慧旅游通过整合互联网、大数据、云计算、人工智能等现代技术，实现对旅游资源的高效管理和个性化旅游服务的提供。这种集成技术的应用使旅游业转向更加智能化、个性化和可持续性发展的轨道，提升了旅游业的竞争力和吸引力。

智慧旅游的核心技术包括但不限于移动通信技术、地理信息系统（GIS）、大数据分析、人工智能（AI）和物联网（IoT）。这些技术的应用使得旅游服务提供者能够实时收集和分析游客数据，优化旅游流线，提供定制化的旅游推荐和即时的客户服务。例如，通过 AI 技术，旅游平台能够根据游客的偏好和历史行为，推荐个性化的旅游路线和活动，而物联网技术则使景区的设施管理更加智能化和高效。

科技创新是推动智慧旅游发展的关键驱动力。通过科技的应用，旅游业能够解决过去的一些痛点，例如长队等待、旅游信息不透明、服务体验不一致等问题。科技的介入不仅提高了旅游业务的运行效率，还极大地提升了游客的满意度和参与感。智能导览系统、虚拟现实（VR）体验、在线预订和反馈系统等都是科技创新在旅游业中的具体应用，它们使得旅游体验更加便捷、丰富和愉悦。此外，科技还助力于旅游目的地的可持续管理，通过精准的数据分析和资源优化，减少对环境的负担，促进旅游业的绿色发展。

一、法律框架与政策环境

（一）国家层面的智慧旅游发展政策与法规概述

国家层面的智慧旅游政策和法规旨在通过整合先进的数字技术与传统的旅游资源，创造更加智能化和高效的旅游管理与服务体系。这些政策包括从基础设施建设到服务创新的广泛措施，以实现旅游业的数字化转型。

例如，文化和旅游部与信息产业部门共同出台的指导意见中，不仅制定了智慧旅游的技术标准和应用模式，也提出了发展目标，包括提升旅游服务质量、增加旅游产品的多样性以及优化游客体验。政策鼓励旅游业采用云计算、大数据分析、物联网和人工智能等现代信息技术，以推动旅游资源的有效整合和信息资源的共享。

在智慧旅游的具体应用方面，政策强调了构建包括智能导览系统、实时交通信息服务、个性化旅游推荐以及安全监控系统在内的全方位服务网络。这些服务旨在为游客提供更为便捷和安全的旅行体验，同时帮助旅游运营商提升运营效率和服务质量。

此外，智慧旅游政策也着眼于保护和可持续利用旅游资源，推动环保旅游和文化遗产保护的技术应用，如使用智能设备对重要文化遗址进行监测和维护，以确保旅游活动的可持续发展。

这些政策和法规的制定和实施，不仅有助于提高旅游业的国际竞争力，也为旅游业的长期健康发展提供了坚实的政策支持和法律保障。通过智慧旅游的推广和发展，旅游业可以更好地适应新一轮科技革命和产业变革的趋势，为游客和业界带来双赢的成果。

（二）主要的法律保障和政策支持措施

在智慧旅游的推进中，法律保障和政策支持起到了核心作用，特别是在保护用户隐私和数据安全方面。鉴于智慧旅游系统通常处理大量敏感数据，如用户个人信息、旅行习惯等，国家相应制定了一系列严格的法律和政策来规范数据的使用和保护。

首先，数据保护法律，如《中华人民共和国网络安全法》和《中华人民共和国个人信息保护法》，为数据处理提供了清晰的法律框架。这些法律明确规定了数据的收集、存储、使用和传输必须遵循的基本原则，包括合法性、正当性和必要性，以及数据主体的知情权和同意权。旅游企业必须建立严格的数据保护措施，如使用加密技术和访问控制，确保数据在整个处理过程中的安全性和机密性。

此外，政府还通过推出创新激励措施来支持技术发展和应用。这包括对那些开发新型智慧旅游应用和技术的企业提供税收减免、研发补贴和资金支持。为了进一步保护这些创新成果，加强知识产权的保护成为政策的另一个重点。相关政策不仅加大了对侵权行为的打击力度，还简化了知识产权的注册和维权流程，鼓励企业和研究机构保护自己的技术创新。

这些法律和政策的实施，不仅加强了对消费者个人信息的保护，还创造了一个有利于技术创新和商业应用的健康环境。通过这种方式，国家层面的支持确保了智慧旅游服务的可持续发展，同时也保障了游客的利益和企业的创新动力。

（三）国际协议与合作在智慧旅游发展中的角色

智慧旅游的全球发展依赖于国际协议与合作，特别是在数据流动、技术应用和标准制定方面。这些国际合作机制不仅推动了技术和信息的共享，还有助于形成全球旅游业的统一标准和政策。

例如，多国政府与国际旅游组织如世界旅游组织（UNWTO）合作，共同开发智慧旅游的国际指导原则和最佳实践。这些指导原则帮助各国政府和企业理解并实施有效的智慧旅游战略，同时保证这些策略的全球兼容性和互操作性。

此外，参与《跨境电子商务促进协议》等多边协议使得各国能够在智慧旅游领域实现技术和数据的无缝交流。这不仅有助于优化全球旅游业的服务和运营效率，还促进了消费者体验的全球一致性。这些国际协议确保了数据保护和隐私标准的国际一致性，使得旅游业能够在全球范围内安全地处理和交换信息。

国际合作还包括技术研发和创新的联合项目，如共同开发旅游应用或共享智慧城市解决方案。这种合作不仅加强了各国在技术领域的合作关系，也加速了智慧旅游技术的发展和应用。

因此，国际协议与合作是智慧旅游发展的关键驱动力，它不仅促进了全球旅游业的技术和服务标准化，还加强了全球旅游市场的互联互通和共同繁荣。通过这种方式，智慧旅游能够在全球范围内实现更高效、更安全和更可持续的发展。

二、科技创新的法律挑战与解决方案

（一）常见的法律问题

智慧旅游的推广带来了技术创新和便利，但同时也伴随着一系列复杂的法律问题，特别是在数据共享、消费者保护和技术标准等方面。

首先，数据共享是智慧旅游发展的核心，它能显著提升服务效率和个性化体验。然而，这也引发了关于数据隐私和安全的重大法律挑战。为了保护个人信息，需要严格遵守数据保护法规，如欧盟的通用数据保护条例（GDPR）或美国加州的消费者隐私法案（CCPA），确保数据的合法收集、使用和传输。

在消费者保护方面，智慧旅游必须确保消费者在使用智能设备和服务时的权益得到充分保护。这包括确保所有的交易和服务过程都高度透明，消费者能清楚了解服务条款，以及在有争议时可以获得公平的处理。法律还应覆盖对虚假广告的规制，保护消费者不被误导购买非实际提供的服务。

技术标准的统一也是智慧旅游可持续发展的关键。由于智慧旅游涉及多种技术和设备，如无人机、虚拟现实、增强现实等，缺乏统一的技术标准可能导致设备和服务之间的兼容性问题，从而影响整体用户体验。因此，国家和国际组织需制定明确的技术标准，促进各种设备和服务的顺畅互动和数据交换。

通过解决这些法律问题，智慧旅游能够在确保法律和道德合规的同时，推动技术创新和提升游客体验，实现旅游业的健康发展。

（二）通过法规解决科技在旅游中的应用问题

为应对科技在旅游行业中日益增长的应用带来的法律挑战，制定和更新相关法规至关重要。

首先，建立健全的数据保护法规至关重要，这些法规需要清晰规定如何合法地采集、处理、存储和共享个人数据。例如，可以参照欧盟的通用数据保护条例（GDPR），制定严格的数据处理标准，确保所有旅游相关企业在处理游客信息时，均需获得明确的同意，同时提供数据删除和修改的选项。

其次，加强消费者权益保护的法律也极为重要。需要确保智慧旅游应用和服务的所有细节对消费者完全透明，包括服务条款的明确说明和费用的详细列示。此外，应有明确的法律规定处理消费者投诉和争议解决机制，确保消费者在遇到服务问题时可以获得及时和公正的处理。

最后，推动行业标准化是解决技术应用问题的另一个关键环节。通过跨部门合作，如旅游部门与技术监管机构的协同，可以制定一系列行业技术和服务标准。这些标准应涵盖从软件界面到数据安全的各个方面，旨在提高服务质量，同时保证技术应用的安全性和互操作性。

通过这些综合措施，不仅能确保科技在旅游中的应用更加安全和有效，也能促进整个行业的可持续发展和竞争力提升。

（三）具体法律措施和技术解决方案的实例

在实现智慧旅游的具体法律措施和技术解决方案上，国际和区域法规起着关键性的框架作用。以欧盟的《通用数据保护条例》（GDPR）为例，它为个人数据的处理设定了高标准的保护要求。遵守这些规定，旅游业者不仅需要实施如数据加密和匿名化的技术手段，还必须确保所有的数据收集和处理活动均得到用户的明确同意，并为用户提供访问、更正及删除个人信息的权利。

在技术解决方案方面，区块链技术提供了一种增强数据安全和透明性的方法。例如，区块链构建的预订系统不仅保证数据的安全性和不可篡改性，还能通过分布式账本技术提供透明的交易验证过程，从而增加消费者的信任度。此外，区块链的应用也可以扩展到确保旅游评论和评级的真实性，防止虚假评价和误导信息的产生。

为进一步提高服务质量及其可持续性发展，旅游业可以遵循国际标准化组织

（ISO）的相关标准。ISO 21401 标准专为旅游住宿部门设计，提供了一套关于可持续性管理的综合指南，涉及环境保护、社会责任和经济效益的平衡。通过这一标准的实施，企业不仅能够提升服务的环境和社会表现，还能通过持续的质量管理和改进，增强竞争力。

这些具体的法律措施和技术应用展示了如何通过综合法规的遵守和先进技术的运用，有效地管理和缓解智慧旅游发展中可能遇到的法律和安全挑战。通过这种方法，旅游业能够更好地利用技术创新，同时确保操作的合法性和道德性。

三、地方政府和私营部门的角色

（一）地方政府在推动智慧旅游中的具体政策与措施

地方政府在推动智慧旅游的实践中发挥着至关重要的作用，他们通过一系列创新政策和措施，积极推动地区内旅游业的数字化转型。这些政策包括但不限于提供财政补贴，这些补贴主要用于支持旅游企业购买和实施智能技术解决方案，如在线预订系统、客户关系管理（CRM）软件，以及其他数字化工具，旨在提升运营效率和客户服务质量。

此外，地方政府还通过技术支持和合作项目，与科技公司联手开发适应本地特色的智慧旅游应用程序。这些应用程序可能包括通过 AR 技术增强的历史景点导览、基于位置的服务推送以及实时交通与天气更新等功能，旨在为游客提供更加丰富和便捷的旅游体验。

地方政府还常常设立特定的试点项目来测试和展示新技术的实用性。例如，智慧旅游示范区的设立不仅可以作为技术验证的平台，还能作为吸引投资和促进地方旅游业发展的示范窗口。这些示范区通常装备了先进的 ICT 基础设施，提供从无线互联网连接到全面的旅游信息系统等一系列服务，有效提高了游客满意度并推动了相关技术的广泛应用。

通过这些具体的政策和措施，地方政府不仅能够增强其旅游业的吸引力和竞争力，还能在全球旅游市场中更好地定位自己，同时确保可持续发展的目标得以实现。

（二）私营部门在智慧旅游推广中的法律责任和机遇

私营部门在智慧旅游的推广中扮演着核心角色，不仅是技术创新和应用的主要驱动力，也是市场发展的关键参与者。私营部门通过开发和实施各种高科技解决方案，如旅游管理软件、移动应用程序、虚拟现实体验以及增强现实导览，极大地丰富了旅游业的服务内容和用户体验。这些技术应用不仅提升了旅游服务的效率和质量，也为旅游目的地带来了新的吸引力。

然而，随着这些技术的广泛应用，私营部门也面临着必须遵守的国家和国际法律标准的责任，特别是在数据保护和消费者权益保护方面。例如，企业必须确保其数据收集和处理活动符合《通用数据保护条例》（GDPR）等法律的要求，保护用户的个人信息不被滥用。同时，也要确保所有的商业行为都不会误导消费者，符合广告和消费者保护法规的规定。

投资智慧旅游项目为私营部门提供了显著的经济机遇，包括开拓新的市场、吸引更多的游客以及通过提供增值服务增加收入。然而，这些机遇也伴随着风险，特别是技术实施可能引起的法律和道德问题。比如，虚拟现实和增强现实技术的使用可能涉及版权和知识产权的问题，或者在未充分通知用户的情况下收集用户数据可能引发的隐私问题。

因此，为了在智慧旅游领域取得成功，私营部门不仅需要不断创新并寻找新的商业机会，还需要在遵守法律和维护道德标准方面表现出极高的责任感。这包括与政府机构、行业协会及消费者保护组织紧密合作，共同制定合理的行业标准和监管措施，确保智慧旅游的健康和可持续发展。

（三）公私合作（PPP）模式在智慧旅游发展中的应用和法律问题

公私合作模式（PPP）已成为推动智慧旅游项目发展的重要工具，尤其是在这些项目通常需要大量资本投入和高级技术支持的情况下。PPP模式使得地方政府能够与私营部门携手合作，共同投资、开发及运营各类智慧旅游项目，如智能交通系统、数字化旅游信息平台以及环境监控和管理系统等。这种合作不仅帮助政府减轻财政负担，也促进了私企的技术创新和市场扩展。

在PPP模式中，政府与私营企业之间的合作通常是基于长期合同，合同中明确了项目的范围、资金投入、收益分配以及双方的责任和义务。这种模式的优势在于能够整合各方资源，优化投资结构，同时分散由单一方面承担的风险。然而，这种合作模式在实施过程中也可能引发一系列法律问题，需要双方在合同条款的制定上投入极大的精力和谨慎。

首先，合同制定需要明确规定项目的资金使用、管理职责、技术标准和操作规范。这一过程中的挑战包括如何公正合理地分配项目利润和风险，以及如何明确各方的具体责任，尤其是在遇到项目延误或技术故障时的责任归属。

其次，PPP项目的透明度和公平性问题是不容忽视的法律挑战。保证合作的透明度需要建立严格的监管机制和公开的信息披露流程，确保所有利益相关者——包括政府、投资者和公众——都能及时了解项目进展和财务状况。此外，确保项目公平性，防止利益冲突和保护消费者权益，避免因项目操作不当导致的服务质量下降或价格不公。

再者，合作双方还必须关注合规性和监管要求，特别是在跨境合作项目中，不同国家的法律和规范可能存在差异，合作方需要精确理解并遵守这些复杂的法律环境。例如，数据保护法、环境保护规定以及国际商业操作标准等，都是PPP项目在执行过程中必须考虑的法律因素。

最后，为了保护投资者和消费者的利益，并确保项目的长期可持续性，PPP模式中的合作方需设立有效的争议解决机制。这包括但不限于仲裁和调解程序，以及可能的法律诉讼路径。有效的争议解决机制不仅可以及时解决合作中出现的问题，还能维护项目的稳定运行和双方的长期合作关系。

总之，公私合作（PPP）模式在智慧旅游项目中虽然提供了资金和技术上的巨大潜力，但同时也伴随着一系列复杂的法律问题。通过精心设计的合同、严格的监管框架和有效的法律保障措施，可以最大限度地发挥PPP模式的优势，推动智慧旅游的健康和可持续发展。

四、智慧旅游的未来发展趋势与法律准备

（一）预见未来科技创新趋势（如人工智能、区块链、物联网）

随着科技不断发展，智慧旅游领域的创新趋势已成为推动行业前行的主要动力。人工智能（AI）在智慧旅游中的应用正在变得日益广泛，它不仅能通过算法为游客提供个性化的旅游推荐和优化的旅程规划，还能通过智能客服和聊天机器人来提升客户服务体验。此外，AI在处理和分析大数据方面的能力，使得旅游业能够更准确地预测市场趋势和游客行为，从而更有效地管理资源和库存。

区块链技术提供了一个去中心化、不可篡改的记录系统，这对于旅游业中涉及各种交易和身份验证过程尤为重要。通过区块链，旅游业可以建立一个更加安全和透明的预订和支付平台，减少欺诈行为，同时保护消费者的信息安全。

物联网（IOT）技术则将设备、传感器和其他智能设备网络化，使得旅游景区能够实时监控和管理其运营设施，如智能门票系统、环境监测和能源管理。这不仅提高了运营效率，也增强了游客的安全感和满意度。

综合这些技术的应用，未来的智慧旅游将更加侧重于提供无缝、高效和个性化的旅游体验，同时确保操作的安全性和可持续性。这些技术的融合和应用预示着智慧旅游将继续引领行业创新，推动全球旅游业向更高水平发展。

（二）为未来技术准备的法律框架：适应性和灵活性的法律制度

在智慧旅游领域，随着技术创新步伐的加快，传统的法律框架面临越来越多的挑战。为未来技术的发展提供有力的法律支持，法律制度必须展现出更高的适应性和灵活性。这不仅涉及对新技术的快速响应，还包括在不断变化的技术环境中维护公平与效率的平衡。

首先，人工智能（AI）的应用在旅游行业中日益增多，涉及客户服务自动化、个性化旅游推荐、行为分析等多个方面。这些应用带来了数据隐私保护的重大问题。随着用户数据被广泛收集和分析，法律框架需要明确数据收集、存储、使用和共享的规范，确保用户信息的安全和隐私权不被侵犯。此外，算法透明度也是一个关键问题，用户和监管机构需能够理解AI决策过程，以便识别和纠正可能的偏见或错误。

其次，区块链技术在旅游行业的应用开始获得关注，特别是在确保交易安全、增加透明度及提高效率方面。然而，区块链技术的使用也引入了法律上的新问题，如加密货币交易的法律地位、智能合约的法律效力及执行问题。法律框架必须发展新的规则以处理这些技术特有的问题，如何确保智能合约的编写和执行符合现有的法律要求，以及在出现争议时如何有效解决。

此外，随着物联网、虚拟现实和增强现实等技术在智慧旅游中的应用，涉及法律问题更为复杂。例如，虚拟现实中的消费者权益保护、物联网设备的安全性问题等，都需要法律上的明确规定和指导。这些技术可能会引发新的消费者欺诈形式，或增加用户信息被非法访问的风险，因此，相关的法律和规章制度需要不断更新，以防止这些技术被滥用。

最后，为了应对技术发展的快速变化，法律框架应该采取更为灵活和前瞻性的措施。这可能包括设立技术中立的法律原则，允许在不同的技术环境下以一致的标准执行。同时，政府与私营部门之间的合作也极为重要，共同探索如何在不牺牲创新和效率的前提下，通过法律手段有效管理技术发展带来的风险。

通过这些适应性和灵活性的法律制度，可以为智慧旅游领域的未来技术发展提供坚实的法律基础，确保技术进步在促进旅游业增长的同时，也保护了消费者的利益和维护了市场的公正性。

（三）法律与政策在促进可持续智慧旅游发展中的前瞻性策略

为了推动智慧旅游的可持续发展，法律与政策框架需采取一系列前瞻性策略，确保旅游业的技术进步与环境及社会责任的平衡。

首先,加强跨部门合作至关重要,这涉及环境保护、文化遗产管理、信息技术和旅游部门之间的协调。通过这种协同效应,可以确保智慧旅游项目在促进经济增长的同时,不会对文化和环境造成破坏。

其次,政府需要制定综合性的政策来支持智慧旅游的各个方面,包括基础设施建设、技术研发、市场准入以及国际合作。例如,可以制定专门的智慧旅游推广政策,提供政策指导和财政支持,帮助地方政府和企业实施高效、环保的旅游解决方案。

投资于教育和培训项目也极为重要,以确保旅游业从业人员具备管理和运用新技术的能力。此外,消费者教育同样关键,帮助游客理解并利用智慧旅游提供的各种工具和服务,这不仅能提升他们的旅行体验,也能增强他们对可持续旅游实践的认识和支持。

为了激励创新,如引入税收优惠、研发资助等创新激励措施,是鼓励企业和研究机构投入智慧旅游技术研发的有效方法。这些措施可以降低研发和实施新技术的经济负担,加速智慧旅游解决方案的市场应用。

最后,创建一个支持性的法律环境是确保智慧旅游可持续发展的基石。这应包括更新现有法规,以反映新的技术现实和市场需求,同时确保新的政策和法规既能促进技术创新,又能有效保护消费者和社会的利益,实现智慧旅游的真正可持续性发展。

参考文献

[1] 王慧娴.中国旅游政策的经济效应研究[M].北京:中国旅游出版社,2019.

[2] 王桀,田里.边境旅游系统研究[M].北京:中国旅游出版社,2021.

[3] 郭祎.中国可持续旅游政策创新扩散的影响因素及相互作用研究[M].北京:旅游教育出版社,2022.

[4] 金蓉.旅游业高质量发展研究[M].兰州:甘肃人民出版社,2023.

[5] 邓爱民,龙安娜.国家哲学社会科学基金旅游研究项目文库 乡村旅游可持续发展路径创新与政策协同研究[M].北京:中国旅游出版社,2021.

[6] 厉新建,曾博伟.旅游业综合改革发展研究[M].北京:旅游教育出版社,2022.

[7] 潘丽霞.全域旅游视域下中国体育旅游发展研究[M].北京:九州出版社,2021.

[8] 陈婕.全域旅游发展路径研究[M].北京:北京工业大学出版社,2020.

[9] 杨颖.旅游产业网络机制研究[M].北京:中国书籍出版社,2020.

[10] 博才武,钟晟.珞珈智库文化丛书 文化和旅游融合研究 内在逻辑与政策路径[M].武汉:武汉大学出版社,2021.

[11] 石峰.乡村旅游规划理论与方法研究[M].北京:北京工业大学出版社,2021.

[12] 徐虹,焦彦,张柔然编.乡村旅游文化传承与创新开发研究[M].北京:中国旅游出版社,2021.

[13] 廖颖.交通与旅游融合发展研究[M].哈尔滨东北林业大学出版社,2021.

[14] 张成源.旅游嬗变 全域旅游概念、设计、政策[M].北京:旅游教育出版社,2017.

[15] 李璇.低碳经济视角下低碳旅游发展研究[M].北京:中国纺织出版社,2023.

[16] 戴斌.国民旅游休闲讲稿 旅游复苏[M].北京:旅游教育出版社,2021.

[17] 刘强.旅游景区收费体制研究[M].北京:中国计划出版社,2019.

[18] 郭旭红,武力总.中国旅游业发展研究[M].武汉:华中科技大学出版社,2019.

[19] 黄萍,石培华,任耘.旅游扶贫的中国模式[M].北京:中国旅游出版社,2021.

[20] 王兴斌,任国才.旅游百人谈(第1辑)[M].北京:中国旅游出版社,2021.

[21] 林璧属.旅游三十人论坛文集[M].北京:北京旅游教育出版社,2021.

[22] 王桀.云南温泉度假旅游区开发研究[M].北京:中国旅游出版社,2020.

[23] 田里,钟晖,李雪松.云南山地运动旅游区开发研究[M].北京:中国旅游出版社,2020.

[24] 高松,徐昌贵.新时期旅游产业创新发展研究[M].长春:吉林人民出版社,2020.
[25] 吴静,温亚利,罗宏.秦岭生态旅游成本和效益研究[M].中国环境出版集团,2020.
[26] 崔勇前.新时代乡村旅游发展研究[M].北京:中国商业出版社,2020.
[27] 滕汉书,滕汉伟.旅游产业土地利用问题研究[M].长春:吉林人民出版社,2020.
[28] 李小年.亚洲邮轮旅游协同创新发展研究[M].上海:上海社会科学院出版社,2020.
[29] 吉根宝.乡村文化旅游业态创新研究[M].北京:中国轻工业出版社,2020.
[30] 逯忆.基于产业融合的旅游业高质量发展研究[M].武汉:武汉大学出版社,2022.
[31] 曹洋.中国旅游研究院博士后文库 健康中国战略背景下旅游业与中医药产业融合发展研究[M].北京:中国旅游出版社,2022.
[32] 祖恩厚,蒋静.智慧旅游视角下河南省温泉旅游研究[M].北京:中国经济出版社,2019.
[33] (苏)奥基夫(Sue O'Keefe)水资源政策、旅游和游憩澳大利亚之鉴[M].李洪波,郝飞译.天津:南开大学出版社,2019.
[34] 陈雪钧,李莉.旅游养老产业发展研究[M].北京:北京理工大学出版社,2018.
[35] 张凌云,朱莉蓉.旅游标准化新论[M].北京:中国旅游出版社,2020.
[36] 王朋薇.自然保护区生态旅游资源价值研究[M].上海:上海交通大学出版社,2021.
[37] 胡莉娜.碳排放约束下旅游产业效率评价研究[M].北京:中国商业出版社,2021.
[38] 李彬,秦宇.旅游企业创新创业管理研究 理论与案例[M].武汉:华中科技大学出版社,2021.